Helena Costa

Blindagem Energética
Guia Definitivo de Proteção Espiritual

Direitos Autorais
Título Original: Blindagem Energética
Copyright © 2021, publicado em 2024 por Luiz Antonio dos Santos
Este livro é uma obra que explora o holismo e práticas ancestrais aplicadas às necessidades contemporâneas, integrando dimensões físicas, emocionais e espirituais para a cura e o autoconhecimento. Destina-se à reflexão, estudo e crescimento pessoal, não substituindo orientações médicas ou psicológicas profissionais.

Equipe de Produção da Segunda Edição
Autor: Helena Costa
Revisão: Marcio Gunçalves
Revisão: Virginia M. Santos
Projeto Gráfico e Diagramação: Celso Amorim
Capa: Studios Booklas

Publicação e Identificação
Blindagem Energética / Por Helena Costa
Booklas, 2024
Categorias: Corpo, Mente e Espírito / Espiritualidade.
DDC: 158.1 - CDU: 613.8

Aviso de Direitos Autorais
Todos os Direitos Reservados a:
Editora Booklas / Luiz Antonio dos Santos
Este livro não pode ser reproduzido, distribuído ou transmitido, no todo ou em parte, por qualquer meio, eletrônico ou impresso, sem a permissão expressa do titular dos direitos autorais.
Rua José Delalíbera, 962
86.183-550 – Cambé – PR
E-mail: suporte@booklas.com
Website: www.booklas.com

Sumário

Prólogo 6
Capítulo 1 A Importância da Proteção Espiritual 8
Capítulo 2 O Que é Energia Espiritual? 13
Capítulo 3 Diferentes Vibrações Energéticas 18
Capítulo 4 Ataques e Influências Espirituais Negativas 23
Capítulo 5 Proteção Espiritual 27
Capítulo 6 Altar de Proteção - Guia Prático 31
Capítulo 7 Cristais na Proteção Energética 35
Capítulo 8 Chakras e seus Papéis na Proteção 38
Capítulo 9 Aromaterapia para Proteção e Purificação Energética
.... 42
Capítulo 10 Técnicas de Respiração para Limpeza e Proteção Energética 46
Capítulo 11 Meditação para Fortalecimento Espiritual 49
Capítulo 12 Visualização Criativa para Blindagem Energética .. 52
Capítulo 13 Afirmações Positivas para Elevar a Vibração 55
Capítulo 14 O Poder da Gratidão na Proteção Espiritual 58
Capítulo 15 Banhos Energéticos para Limpeza e Purificação 61
Capítulo 16 Defumação para Limpeza Energética de Ambientes
.... 64
Capítulo 17 Amuletos e Talismãs de Proteção - Como Usar 67
Capítulo 18 Simbologia Sagrada para Proteção 70
Capítulo 19 Mantras de Proteção 73
Capítulo 20 Proteção Espiritual Durante o Sono 76
Capítulo 21 Protegendo seus Animais de Estimação 79
Capítulo 22 Proteção no Ambiente de Trabalho 82

Capítulo 23 Proteção Energética em Viagens 85
Capítulo 24 Protegendo sua Casa e Família 88
Capítulo 25 Proteção contra Inveja e Olho Gordo 91
Capítulo 26 Energias Negativas em Relacionamentos 94
Capítulo 27 Proteção Energética para Crianças 97
Capítulo 28 Proteção Espiritual para Idosos 100
Capítulo 29 Cuidando da Saúde Energética 103
Capítulo 30 Proteção Financeira e Energética 106
Capítulo 31 Proteção Espiritual em Redes Sociais 109
Capítulo 32 Lidando com Vampiros Energéticos 112
Capítulo 33 Proteção contra Magia Negra 115
Capítulo 34 Escudo Psíquico Técnicas de Criação e Fortalecimento 118
Capítulo 35 Cordão de Prata 121
Capítulo 36 Limpeza de Aura Técnicas Avançadas 124
Capítulo 37 Equilibrando os Chakras para Proteção 127
Capítulo 38 Trabalhando com seus Guias Espirituais para Proteção 130
Capítulo 39 Desenvolvendo sua Intuição para Autoproteção ... 133
Capítulo 40 O Poder do Perdão na Libertação Energética 136
Capítulo 41 Liberação de Traumas 139
Capítulo 42 Reiki para Proteção e Harmonização 142
Capítulo 43 Cromoterapia para Equilíbrio e Proteção Áurica .. 145
Capítulo 44 Feng Shui para Harmonização e Proteção do Lar . 148
Capítulo 45 Radiestesia para Identificar Energias Negativas ... 151
Capítulo 46 Hábitos Diários para Manter a Proteção 154
Capítulo 47 Criando um Estilo de Vida Positivo 157

Capítulo 48 Autoconhecimento na Proteção Espiritual 160
Capítulo 49 Lidando com Desafios e Obstáculos 163
Capítulo 50 Confiando em sua Força Interior 166
Capítulo 51 A Evolução Espiritual Contínua 169
Capítulo 52 Servindo ao Próximo com Amor e Compaixão 172
Capítulo 53 Vivendo com Propósito e Alegria 175
Capítulo 54 Construindo uma Vida Protegida e Abundante 179
Epílogo 182

Prólogo

Você segura em mãos um conhecimento que ecoa por eras, uma porta para dimensões intangíveis que aguardam sua presença. Cada página é um sussurro do invisível, revelando a dança oculta das energias que moldam sua existência. Este é um chamado, não um acaso. Entre todos os livros, este encontrou você, e por razões que sua alma talvez já intua.

A proteção espiritual transcende crenças; ela é a linguagem universal da sobrevivência energética. Quando você respira, vive, interage, seu campo energético expande e se mistura com um mundo invisível, pulsante de forças – umas que nutrem, outras que drenam. Aqui, não se trata apenas de defesa, mas de despertar um potencial latente que o coloca no centro do seu próprio universo.

Conexões que antes pareciam insondáveis serão iluminadas. Cada palavra, um fio de energia que o conduz a reconhecer as influências ao seu redor. A proteção não é apenas um escudo; é um catalisador para que você se aproxime do seu Eu mais puro e inabalável. Acredite: o que o espera ao adentrar estas páginas é uma renovação profunda. Aqui, está o poder de mudar a sua vibração, atrair aquilo que é elevado e repelir o que já não lhe serve.

Neste espaço, você não é apenas um leitor; você é o protagonista. Enquanto desvenda os fundamentos da proteção espiritual, estará também caminhando rumo a uma conexão mais íntima consigo mesmo e com o Divino que o circunda. Sua intuição será ampliada, sua autoconfiança, fortalecida. Você sentirá a calma daqueles que sabem que estão protegidos e a coragem daqueles que enfrentam o desconhecido com a luz da sabedoria.

Agora, dê o primeiro passo. Cada linha o convida a experimentar, transformar e resgatar sua essência. Este livro não é apenas um guia; é uma experiência viva. Se permitir mergulhar nesse universo é dar a si mesmo a oportunidade de viver com mais leveza, harmonia e poder pessoal.

Capítulo 1
A Importância da Proteção Espiritual

Adentrar o mundo da espiritualidade é como embarcar em uma jornada fascinante rumo ao autoconhecimento, à conexão com o universo e à descoberta de nossa verdadeira essência. É um caminho de expansão da consciência, onde nos abrimos para dimensões além do plano físico e buscamos compreender as energias sutis que permeiam a nossa existência. No entanto, assim como em qualquer jornada, é fundamental estarmos preparados para os desafios e obstáculos que podemos encontrar pelo caminho.

Neste sentido, a proteção espiritual assume um papel crucial, atuando como um escudo que nos blinda contra energias negativas, influências indesejadas e possíveis ataques espirituais. É como se vestíssemos uma armadura energética, capaz de filtrar as vibrações que nos cercam e garantir que apenas as energias positivas e elevadas cheguem até nós.

Imagine um jardim exuberante, repleto de flores vibrantes e aromas delicados. Para que esse jardim floresça em todo seu esplendor, é preciso cuidado e proteção contra pragas, ervas daninhas e intempéries. Da mesma forma, nosso corpo energético, nossa aura, precisa ser nutrido e protegido para que possamos manifestar nosso potencial máximo e viver em harmonia e equilíbrio.

A importância da proteção espiritual reside em diversos aspectos, que impactam diretamente nossa qualidade de vida e bem-estar:

1. Preservação da Energia Vital:

Nossas energias são como um recurso precioso, que precisamos administrar com sabedoria. Quando estamos expostos a energias negativas, seja por meio de pessoas tóxicas, ambientes carregados ou influências espirituais densas, nossa energia vital é drenada, levando à sensação de cansaço, desânimo, irritabilidade e até mesmo doenças. A proteção espiritual atua como um filtro, impedindo que essas energias negativas se infiltrem em nosso campo energético e nos desvitalizem.

2. Manutenção do Equilíbrio Emocional:

Nossas emoções são como bússolas, guiando-nos em nossas experiências e relacionamentos. No entanto, quando estamos desprotegidos energeticamente, ficamos mais suscetíveis a oscilações emocionais, vulnerabilidade, medos e ansiedades. A proteção espiritual nos ajuda a fortalecer nosso campo energético, tornando-nos mais resilientes e equilibrados emocionalmente, capazes de lidar com os desafios da vida de forma mais serena e positiva.

3. Fortalecimento da Autoconfiança:

A autoconfiança é a base para alcançarmos nossos objetivos e realizarmos nossos sonhos. Quando nos sentimos protegidos e seguros em nossa jornada espiritual, nossa autoconfiança se fortalece, permitindo-nos trilhar nosso caminho com coragem, determinação e fé. A proteção espiritual nos ajuda a dissipar medos e inseguranças, empoderando-nos a manifestar nossa verdadeira essência e viver com autenticidade.

4. Harmonia nos Relacionamentos:

Nossos relacionamentos, sejam eles amorosos, familiares, sociais ou profissionais, são permeados por trocas energéticas constantes. Quando estamos protegidos espiritualmente, conseguimos estabelecer relações mais harmoniosas e saudáveis, livres de influências negativas, manipulação e conflitos energéticos. A proteção espiritual nos permite cultivar relacionamentos baseados no respeito, na compreensão e no amor incondicional.

5. Abertura para a Espiritualidade:

A proteção espiritual nos proporciona um ambiente seguro e acolhedor para que possamos nos conectar com nossa espiritualidade de forma mais profunda e autêntica. Ao nos sentirmos protegidos, abrimos espaço para a intuição, a conexão com nossos guias espirituais e a manifestação de nossa missão de vida. A proteção espiritual nos auxilia a trilhar o caminho do despertar espiritual com confiança, clareza e discernimento.

6. Prevenção de Ataques Espirituais:

Infelizmente, em nosso caminho espiritual, podemos nos deparar com energias negativas e ataques psíquicos provenientes de pessoas ou seres desencarnados mal intencionados. Esses ataques podem se manifestar de diversas formas, como pensamentos obsessivos, pesadelos, sensação de opressão, problemas de saúde inexplicáveis e dificuldades em diversas áreas da vida. A proteção espiritual atua como um escudo protetor, neutralizando essas energias negativas e impedindo que elas nos afetem.

7. Elevação da Vibração Energética:

Nossas vibrações energéticas influenciam diretamente nossa realidade, atraindo para nós experiências e pessoas que estão em sintonia com nossa frequência. A proteção espiritual nos auxilia a elevar nossa vibração, criando um campo energético mais luminoso e positivo, o que nos torna mais receptivos a bênçãos, oportunidades e relacionamentos saudáveis.

8. Promoção da Paz Interior:

A paz interior é um estado de serenidade, equilíbrio e harmonia consigo mesmo. Quando nos sentimos protegidos espiritualmente, experimentamos uma profunda sensação de paz interior, confiança e segurança, independentemente das circunstâncias externas. A proteção espiritual nos ajuda a cultivar a paz interior, libertando-nos de medos, ansiedades e pensamentos negativos.

9. Conexão com o Divino:

A proteção espiritual nos aproxima do Divino, fortalecendo nossa fé e conexão com nosso Eu Superior, guias espirituais e anjos protetores. Ao nos sentirmos protegidos e amparados pelo Universo, experimentamos uma profunda sensação de gratidão, amor e pertencimento. A proteção espiritual nos conecta à fonte infinita de amor e sabedoria do Universo, guiando-nos em nossa jornada evolutiva.

Quem precisa de Proteção Espiritual?

Todos nós, sem exceção, podemos nos beneficiar da proteção espiritual. No entanto, algumas pessoas podem se sentir mais vulneráveis a energias negativas e ataques psíquicos, como:
- Pessoas altamente sensíveis, que absorvem as energias do ambiente com facilidade.
- Pessoas que trabalham com o público, como profissionais da saúde, professores, terapeutas, etc.
- Pessoas que passam por momentos difíceis, como luto, separação, doença ou desemprego.
- Pessoas que se sentem inseguras, ansiosas ou com medo.
- Pessoas que buscam desenvolvimento espiritual e autoconhecimento.

Como saber se preciso de Proteção Espiritual?

Alguns sinais podem indicar que você precisa reforçar sua proteção espiritual, como:
- Sensação de cansaço excessivo, sem causa aparente.
- Dificuldade de concentração e foco.
- Oscilações de humor e irritabilidade.
- Insônia e pesadelos.
- Sensação de opressão no peito ou dificuldade para respirar.
- Pensamentos negativos e recorrentes.
- Medos e ansiedades sem justificativa.
- Problemas de saúde que não se resolvem com tratamentos convencionais.
- Sensação de estar sendo observado ou seguido.
- Perda de objetos pessoais com frequência.
- Acidentes domésticos recorrentes.
- Dificuldades em relacionamentos interpessoais.

Se você se identifica com algum desses sinais, é importante buscar formas de reforçar sua proteção espiritual.

Neste livro, você encontrará um guia prático e completo com diversas técnicas e ferramentas para proteger sua energia, elevar sua vibração e construir uma vida mais harmoniosa, equilibrada e abundante. Lembre-se, a proteção espiritual é um ato de amor próprio e cuidado com sua essência divina. Ao se proteger, você se fortalece, se empodera e abre caminho para uma vida mais plena e feliz.

Nos próximos capítulos, vamos explorar os mais diversos aspectos da proteção espiritual, desde os fundamentos básicos até práticas mais avançadas. Esteja aberto a aprender, experimentar e integrar esses conhecimentos em sua vida, construindo um escudo protetor que lhe permita viver com mais leveza, paz e alegria.

Exercícios Práticos:

1. **Reflexão:** Reserve um momento para refletir sobre sua própria energia. Como você se sente energeticamente? Quais situações ou pessoas costumam drenar sua energia? Quais sinais de desequilíbrio energético você percebe em si mesmo?
2. **Intenção:** Defina sua intenção de se proteger espiritualmente. Escreva em um papel seus objetivos e o que você espera alcançar com a proteção espiritual.
3. **Visualização:** Imagine-se envolto em uma luz branca e radiante, que o protege de todas as energias negativas. Sinta a paz e a segurança que essa luz lhe proporciona.
4. **Gratidão:** Agradeça ao Universo pela oportunidade de aprender sobre proteção espiritual e por todos os benefícios que ela trará para sua vida.

Lembre-se, a proteção espiritual é uma prática contínua, que requer atenção, dedicação e consciência. Ao integrar os ensinamentos deste livro em seu dia a dia, você estará construindo uma base sólida para uma vida mais protegida, harmoniosa e feliz.

Capítulo 2
O Que é Energia Espiritual?

A energia espiritual é uma força vital sutil que permeia todo o universo, conectando todas as coisas e seres. É a essência da vida, a centelha divina que anima nossos corpos e nos impulsiona em nossa busca por significado e propósito. Essa energia se manifesta em diferentes níveis de vibração, desde as frequências mais densas da matéria até as mais sutis do espírito.

Imagine um rio que flui incessantemente, nutrindo e energizando tudo em seu caminho. A energia espiritual é como esse rio, um fluxo constante de vitalidade que nos sustenta e nos conecta à fonte primordial de tudo o que existe.

Compreendendo a Energia Espiritual:

Para compreendermos melhor a energia espiritual, podemos recorrer a diferentes perspectivas:

- **Ciência:** A física quântica, com suas descobertas sobre a natureza ondulatória da matéria e a interconexão entre todas as partículas, nos oferece um vislumbre da realidade energética que subjaz ao mundo físico. A energia espiritual, embora sutil e invisível aos olhos físicos, pode ser compreendida como uma forma de energia que interage com nosso corpo e mente, influenciando nosso bem-estar e nossa percepção da realidade.
- **Tradições Espirituais:** Diversas tradições espirituais e filosóficas, como o hinduísmo, o budismo, o taoísmo e as tradições xamânicas, reconhecem a existência da energia espiritual há milênios. Essas tradições nos oferecem um rico conjunto de conhecimentos sobre a natureza da

energia espiritual, seus diferentes níveis de manifestação e as práticas para cultivá-la e harmonizá-la.
- **Espiritismo:** O espiritismo, com sua visão da imortalidade da alma e da comunicação com o mundo espiritual, nos apresenta a energia espiritual como a força vital que anima os espíritos, tanto encarnados quanto desencarnados. Essa energia, também conhecida como fluido vital ou perispírito, é o elo entre o corpo físico e o espírito, permitindo a interação entre esses dois planos da existência.

A Energia Espiritual em Nossas Vidas:

A energia espiritual se manifesta em nossas vidas de diversas formas, influenciando nossos pensamentos, emoções, saúde e relacionamentos.

- **Aura:** A aura é um campo energético que envolve nosso corpo físico, refletindo nossa saúde, estado emocional e nível de consciência. É como uma assinatura energética, que emana de nós e interage com as energias do ambiente e de outras pessoas.
- **Chakras:** Os chakras são centros de energia localizados ao longo da coluna vertebral, que captam, processam e distribuem a energia vital pelo nosso corpo. Cada chakra está associado a diferentes aspectos da nossa vida, como a vitalidade física, as emoções, a intuição e a espiritualidade.
- **Intuição:** A intuição é a capacidade de acessar informações e conhecimentos que vão além da lógica e dos cinco sentidos. É como uma voz interior que nos guia e nos orienta em nossas decisões. A energia espiritual nutre nossa intuição, permitindo-nos conectar com nossa sabedoria interior e com a inteligência universal.
- **Criatividade:** A criatividade é a capacidade de gerar novas ideias, soluções e formas de expressão. É um fluxo de energia que nos impulsiona a criar, inovar e transformar a realidade. A energia espiritual alimenta

nossa criatividade, abrindo-nos para novas possibilidades e inspirações.
- **Saúde:** A saúde física e mental está intimamente ligada ao equilíbrio da nossa energia espiritual. Quando nossa energia vital flui livremente, nosso corpo e mente se harmonizam, promovendo saúde, vitalidade e bem-estar.
- **Relacionamentos:** Nossos relacionamentos são permeados por trocas energéticas constantes. A energia espiritual influencia a qualidade de nossas interações, atraindo para nós pessoas e situações que vibram em sintonia com nossa frequência.

Cultivando a Energia Espiritual:

Para cultivar e fortalecer nossa energia espiritual, podemos recorrer a diversas práticas e ferramentas, que serão exploradas ao longo deste livro:

- **Meditação:** A meditação é uma prática milenar que nos permite acalmar a mente, aquietar o corpo e conectar com nossa essência espiritual. Através da meditação, podemos elevar nossa vibração, harmonizar nossos chakras e fortalecer nossa aura.
- **Respiração Consciente:** A respiração é a base da vida, o elo entre o corpo físico e a energia vital. Através da respiração consciente, podemos oxigenar nosso corpo, acalmar a mente e equilibrar nossas energias.
- **Yoga:** A yoga é uma prática que une corpo, mente e espírito, promovendo flexibilidade, força, equilíbrio e bem-estar. As posturas (asanas), a respiração (pranayama) e a meditação, combinadas, harmonizam o fluxo da energia vital em nosso corpo.
- **Contato com a Natureza:** A natureza é uma fonte inesgotável de energia vital. Passar tempo em contato com a natureza, seja caminhando em um parque, meditando em uma floresta ou contemplando o mar, nos revitaliza, purifica nossas energias e nos conecta com a força vital do planeta.

- **Alimentação Consciente:** Os alimentos que ingerimos influenciam diretamente nossa energia vital. Uma alimentação saudável, rica em frutas, verduras e legumes, nos nutre e fortalece nosso corpo físico e energético.
- **Pensamentos Positivos:** Nossos pensamentos são como sementes que plantamos em nosso campo energético. Pensamentos positivos e elevados nutrem nossa alma, elevam nossa vibração e atraem para nós experiências positivas.
- **Gratidão:** A gratidão é uma poderosa ferramenta para elevar nossa vibração e atrair bênçãos para nossa vida. Ao cultivarmos a gratidão, reconhecemos as dádivas do universo e abrimos nosso coração para receber mais abundância e prosperidade.
- **Servir ao Próximo:** Servir ao próximo com amor e compaixão é uma forma de elevar nossa energia espiritual e conectar com a essência divina que reside em cada ser.

Ao longo deste livro, vamos explorar em detalhes cada uma dessas práticas e ferramentas, oferecendo um guia prático para que você possa cultivar e fortalecer sua energia espiritual, construindo uma vida mais harmoniosa, equilibrada e abundante.

Exercícios Práticos:
1. **Percepção da Aura:** Em um ambiente tranquilo, feche os olhos e respire profundamente algumas vezes. Em seguida, concentre sua atenção nas palmas das suas mãos, visualizando uma luz suave emanando delas. Tente sentir a energia sutil que emana de suas mãos.
2. **Respiração Energética:** Sente-se confortavelmente com a coluna ereta. Inspire profundamente pelo nariz, visualizando a energia vital preenchendo seu corpo. Expire lentamente pela boca, liberando qualquer tensão ou energia negativa. Repita esse ciclo respiratório por alguns minutos.
3. **Conexão com a Natureza:** Reserve um tempo para se conectar com a natureza. Caminhe descalço na grama, abrace uma árvore, contemple o céu ou simplesmente

sinta a brisa em seu rosto. Perceba como a energia da natureza revitaliza seu corpo e sua alma.
4. **Auto Observação:** Preste atenção aos seus pensamentos e emoções ao longo do dia. Identifique quais pensamentos e emoções drenam sua energia e quais a elevam.

A energia espiritual é a força vital que nos anima e nos conecta ao universo. Ao cultivarmos essa energia, abrimos caminho para uma vida mais plena, significativa e feliz.

Capítulo 3
Diferentes Vibrações Energéticas

Imagine um espectro de cores, com infinitas nuances e tonalidades. As vibrações energéticas são como essas cores, variando em intensidade, frequência e qualidade. Assim como cada cor evoca diferentes sensações e emoções, cada vibração energética carrega consigo uma assinatura única, que influencia nosso estado de espírito, saúde e até mesmo os acontecimentos em nossas vidas.

O Princípio da Vibração:

O conceito de vibração energética tem raízes em diversas tradições espirituais e filosóficas, como o Hermetismo, que nos ensina que "tudo vibra". Segundo esse princípio, tudo no universo está em constante movimento, desde as partículas subatômicas até as galáxias mais distantes. Essa vibração se manifesta em diferentes frequências, criando a diversidade de formas e experiências que observamos na realidade.

A física quântica corrobora essa visão, demonstrando que a matéria, em sua essência, é composta por energia em constante vibração. Nossos pensamentos, emoções e até mesmo nosso corpo físico emitem vibrações energéticas que interagem com o ambiente e com outras pessoas.

As Diferentes Vibrações Energéticas:

As vibrações energéticas podem ser classificadas em diferentes categorias, de acordo com sua frequência e qualidade:

- **Vibrações Elevadas:** São vibrações sutis, leves e luminosas, associadas a sentimentos como amor, compaixão, alegria, gratidão e paz interior. Elas emanam

de pessoas e ambientes harmoniosos, inspirando positividade, criatividade e bem-estar.
- **Vibrações Densas:** São vibrações pesadas, escuras e estagnadas, associadas a sentimentos como medo, raiva, tristeza, inveja e ressentimento. Elas emanam de pessoas e ambientes carregados, gerando desconforto, desânimo e até mesmo doenças.

A Influência das Vibrações em Nossas Vidas:

Nossas vibrações energéticas influenciam diretamente nossa realidade, atraindo para nós experiências e pessoas que vibram em sintonia com nossa frequência. É como se estivéssemos sintonizados em um rádio, captando as ondas que correspondem à nossa sintonia.

- **Lei da Atração:** A Lei da Atração, um princípio fundamental do universo, afirma que "semelhante atrai semelhante". Ou seja, nossas vibrações energéticas atuam como ímãs, atraindo para nós situações, pessoas e oportunidades que ressoam com nossa frequência.
- **Saúde e Bem-Estar:** Nossas vibrações energéticas impactam diretamente nossa saúde física e mental. Vibrações elevadas fortalecem nosso sistema imunológico, promovem o equilíbrio emocional e aumentam nossa vitalidade. Vibrações densas, por outro lado, podem enfraquecer nosso organismo, tornando-nos mais suscetíveis a doenças e desequilíbrios emocionais.
- **Relacionamentos:** Nossas vibrações energéticas influenciam a qualidade de nossos relacionamentos. Quando vibramos em alta frequência, atraímos pessoas positivas, amorosas e inspiradoras. Quando vibramos em baixa frequência, podemos atrair pessoas tóxicas, conflitos e desentendimentos.
- **Sucesso e Prosperidade:** Nossas vibrações energéticas também impactam nosso sucesso e prosperidade em todas as áreas da vida. Quando vibramos em alta frequência, abrimos caminho para a realização de nossos sonhos, atraindo oportunidades, abundância e prosperidade.

Identificando as Diferentes Vibrações:

Desenvolver a sensibilidade para perceber as diferentes vibrações energéticas é fundamental para nossa proteção espiritual e bem-estar. Podemos aprender a identificar as vibrações através da intuição, da observação e da percepção sutil:

- **Intuição:** Nossa intuição é como um radar interno, que nos alerta sobre as energias ao nosso redor. Preste atenção aos seus sentimentos e sensações quando estiver em contato com diferentes pessoas e ambientes. Se você se sentir desconfortável, agitado ou drenado, pode ser um sinal de que está em contato com vibrações densas.
- **Observação:** Observe o comportamento das pessoas, a linguagem corporal, o tom de voz e as palavras que utilizam. Pessoas que vibram em alta frequência geralmente são alegres, positivas, gentis e inspiradoras. Pessoas que vibram em baixa frequência podem ser negativas, irritadas, agressivas ou manipuladoras.
- **Percepção Sutil:** Com a prática, podemos desenvolver a percepção sutil para sentir as vibrações energéticas de forma mais clara. Preste atenção à temperatura do ambiente, às cores que predominam, aos sons e aromas. Ambientes com vibrações elevadas geralmente são limpos, organizados, com cores claras e aromas agradáveis. Ambientes com vibrações densas podem ser escuros, desorganizados, com odores desagradáveis e uma atmosfera pesada.

Elevando Nossas Vibrações:

Para elevar nossas vibrações energéticas e construir uma vida mais harmoniosa e positiva, podemos recorrer a diversas práticas e ferramentas:

- **Meditação:** A meditação nos ajuda a acalmar a mente, harmonizar as emoções e conectar com nossa essência espiritual, elevando nossa vibração e fortalecendo nossa aura.

- **Respiração Consciente:** A respiração consciente nos permite oxigenar o corpo, acalmar a mente e equilibrar as energias, promovendo a harmonia e o bem-estar.
- **Yoga:** A prática da yoga, com suas posturas, respiração e meditação, harmoniza o fluxo da energia vital em nosso corpo, elevando nossa vibração e promovendo a saúde física e mental.
- **Contato com a Natureza:** A natureza é uma fonte inesgotável de energia vital e vibrações elevadas. Passar tempo em contato com a natureza nos revitaliza, purifica nossas energias e nos conecta com a força vital do planeta.
- **Alimentação Consciente:** Uma alimentação saudável, rica em alimentos naturais e vibrantes, nutre nosso corpo e eleva nossa vibração energética.
- **Pensamentos Positivos:** Cultivar pensamentos positivos, elevados e inspiradores alimenta nossa alma, eleva nossa vibração e atrai para nós experiências positivas.
- **Gratidão:** A gratidão é um poderoso antídoto para as vibrações densas. Ao cultivarmos a gratidão, reconhecemos as bênçãos em nossa vida, elevando nossa vibração e atraindo mais abundância e prosperidade.
- **Servir ao Próximo:** Servir ao próximo com amor e compaixão nos conecta com a essência divina que reside em cada ser, elevando nossa vibração e expandindo nossa consciência.

Ao longo deste livro, vamos explorar em detalhes cada uma dessas práticas e ferramentas, oferecendo um guia prático para que você possa elevar suas vibrações energéticas, construindo uma vida mais harmoniosa, equilibrada e abundante.

Exercícios Práticos:
1. **Percepção das Vibrações:** Preste atenção às suas sensações e sentimentos ao interagir com diferentes pessoas e ambientes. Observe quais situações e pessoas elevam sua energia e quais a drenam.

2. **Música e Vibrações:** Experimente ouvir diferentes estilos de música e observe como cada estilo impacta seu estado de espírito e suas energias.
3. **Cores e Vibrações:** Preste atenção às cores que você usa em suas roupas, em sua casa e em seus objetos pessoais. Observe como cada cor influencia suas emoções e energias.
4. **Alimentos e Vibrações:** Experimente incluir em sua alimentação mais frutas, verduras e legumes frescos e vibrantes. Observe como esses alimentos impactam sua energia e vitalidade.

As vibrações energéticas que emanamos moldam nossa realidade. Ao cultivarmos vibrações elevadas, abrimos caminho para uma vida mais plena, significativa e feliz.

Capítulo 4
Ataques e Influências Espirituais Negativas

Assim como em uma fortaleza, para protegermos nossa energia e bem-estar, precisamos conhecer os potenciais perigos e saber como identificá-los. Ataques e influências espirituais negativas podem se manifestar de diversas formas, sutis ou intensas, e aprender a reconhecê-las é o primeiro passo para nos protegermos e fortalecermos nossa aura.

O Que São Ataques e Influências Espirituais Negativas?

Ataques espirituais são tentativas deliberadas de causar dano ou desequilíbrio energético a uma pessoa, geralmente motivadas por inveja, raiva, vingança ou desejo de manipulação. Esses ataques podem ser realizados por pessoas encarnadas ou desencarnadas, e podem se manifestar de diversas formas, como:

- **Magia Negra:** Envolve o uso de rituais e energias negativas para causar mal a alguém.
- **Inveja e Olho Gordo:** Energias negativas direcionadas a alguém, geralmente motivadas por inveja ou admiração excessiva.
- **Vampirismo Energético:** Roubo de energia vital de uma pessoa por outra, consciente ou inconscientemente.
- **Obsessão Espiritual:** Influência persistente de um espírito desencarnado sobre uma pessoa, causando perturbações mentais, emocionais e físicas.

Influências espirituais negativas, por outro lado, são energias densas que absorvemos do ambiente ou de outras pessoas, sem necessariamente haver uma intenção deliberada de nos prejudicar. Essas influências podem se manifestar como:

- **Ambientes Carregados:** Locais com histórico de sofrimento, violência ou energias negativas acumuladas.
- **Pessoas Tóxicas:** Indivíduos que emanam energias negativas, como pessimismo, raiva, inveja ou manipulação.
- **Pensamentos Negativos:** Nossos próprios pensamentos negativos e autodestrutivos podem gerar um campo de energia densa ao nosso redor.

Sinais de Ataques e Influências Espirituais Negativas:

Reconhecer os sinais de ataques e influências espirituais negativas é fundamental para buscarmos proteção e restaurar nosso equilíbrio energético. Alguns sinais comuns incluem:

Físicos:
- Cansaço excessivo e repentino
- Dores de cabeça frequentes
- Insônia e pesadelos
- Sensação de opressão no peito
- Problemas digestivos
- Doenças recorrentes
- Acidentes frequentes

Emocionais:
- Medos e ansiedades inexplicáveis
- Irritabilidade e raiva frequentes
- Tristeza profunda e desânimo
- Pensamentos obsessivos e negativos
- Sensação de perseguição
- Isolamento social

Mentais:
- Dificuldade de concentração
- Perda de memória
- Confusão mental
- Pensamentos suicidas
- Alucinações

Espirituais:
- Sensação de estar sendo observado
- Presença de energias negativas em casa

- Objetos se movendo sozinhos
- Sonhos vívidos e perturbadores
- Sensação de "peso" nos ombros

Como Identificar a Origem dos Ataques:

Identificar a origem de um ataque espiritual pode ser desafiador, mas existem algumas ferramentas que podem nos auxiliar:

- **Intuição:** Preste atenção à sua intuição e aos seus sentimentos. Muitas vezes, nossa intuição nos alerta sobre a fonte de energias negativas.
- **Radiestesia:** A radiestesia, com o uso de pêndulos ou varas, pode auxiliar na detecção de energias negativas e na identificação de sua origem.
- **Mediunidade:** Pessoas com mediunidade desenvolvida podem identificar a presença de espíritos obsessores e auxiliar na sua libertação.

Protegendo-se de Ataques e Influências Negativas:

Nos próximos capítulos, vamos explorar em detalhes as diversas técnicas e ferramentas de proteção espiritual. No entanto, algumas práticas básicas podem ser implementadas desde já:

- **Fortalecimento da Aura:** Através da meditação, visualização e respiração consciente, podemos fortalecer nossa aura, tornando-a mais resistente a ataques e influências negativas.
- **Limpeza Energética:** Realizar banhos de ervas, defumações e limpezas energéticas em casa ajuda a remover energias negativas e purificar o ambiente.
- **Elevação da Vibração:** Cultivar pensamentos positivos, emoções elevadas e atitudes altruístas eleva nossa vibração energética, tornando-nos menos suscetíveis a influências negativas.
- **Escudo Psíquico:** Visualizar um escudo de luz ao seu redor cria uma barreira protetora contra energias negativas.
- **Buscando Ajuda Espiritual:** Em casos de ataques espirituais intensos, buscar ajuda de um profissional

espiritualista pode ser fundamental para a libertação e cura energética.

Exercícios Práticos:

1. **Auto Observação:** Preste atenção aos seus pensamentos, emoções e sensações físicas. Identifique qualquer sinal de desequilíbrio energético ou influência negativa.
2. **Limpeza Energética:** Tome um banho relaxante com sal grosso e ervas de proteção, como arruda, alecrim e guiné. Visualize as energias negativas sendo removidas do seu corpo.
3. **Fortalecimento da Aura:** Sente-se em um local tranquilo, feche os olhos e visualize sua aura como uma luz brilhante e protetora ao seu redor. Imagine essa luz se expandindo e fortalecendo, criando um escudo impenetrável.
4. **Proteção do Ambiente:** Defume sua casa com incenso de proteção, como olíbano, mirra ou sálvia branca. Visualize a fumaça purificando o ambiente e removendo qualquer energia negativa.

A proteção espiritual é um processo contínuo que requer atenção, dedicação e consciência. Ao aprender a identificar e se proteger de ataques e influências negativas, você estará construindo uma base sólida para uma vida mais harmoniosa, equilibrada e abundante.

Capítulo 5
Proteção Espiritual

A intenção é a força motriz por trás de todas as nossas ações, a energia que direciona nossos pensamentos, emoções e manifestações no mundo. No contexto da proteção espiritual, a intenção assume um papel crucial, atuando como um catalisador que amplifica o poder das técnicas e ferramentas que utilizamos.

Imagine um arqueiro mirando em um alvo. A flecha representa as práticas de proteção, o alvo representa o objetivo a ser alcançado, e a intenção é a força que impulsiona a flecha em direção ao alvo. Sem uma intenção clara e focada, a flecha pode se perder no caminho ou atingir um alvo indesejado.

A Intenção como Força Criadora:

A intenção é uma força criadora, capaz de moldar nossa realidade e influenciar o fluxo de energia ao nosso redor. Quando definimos uma intenção clara e positiva, alinhamos nossa energia com o universo, abrindo caminho para a manifestação de nossos desejos e a realização de nossos objetivos.

No contexto da proteção espiritual, a intenção atua como um filtro energético, direcionando as energias que desejamos atrair e bloquear aquelas que desejamos evitar. Uma intenção firme e positiva de proteção cria um escudo energético ao nosso redor, repelindo energias negativas e atraindo vibrações elevadas.

Intenção e Vibração:

A intenção está intrinsecamente ligada à vibração energética. Quando nutrimos intenções positivas, elevamos nossa vibração, criando um campo energético mais luminoso e receptivo a energias benéficas. Por outro lado, intenções negativas ou duvidosas rebaixam nossa vibração, tornando-nos mais suscetíveis a influências e ataques espirituais.

Definindo Intenções Claras e Positivas:

Para que a intenção atue como uma força protetora em nossa vida, é fundamental defini-la de forma clara, positiva e específica. Evite intenções vagas ou negativas, pois elas podem gerar resultados indesejados ou atrair energias que não desejamos.

- **Clareza:** Defina com precisão o que você deseja alcançar com a proteção espiritual. Por exemplo, "proteger minha energia de influências negativas", "fortalecer minha aura", "atrair vibrações elevadas".
- **Positividade:** Formule sua intenção de forma positiva, focando no que você deseja atrair, e não no que você deseja evitar. Por exemplo, "estou protegido por uma luz divina", "minha aura é forte e radiante".
- **Especificidade:** Seja específico em sua intenção, detalhando os aspectos que você deseja proteger. Por exemplo, "proteger minha energia no ambiente de trabalho", "proteger meus relacionamentos de influências negativas".

Utilizando a Intenção nas Práticas de Proteção:

A intenção deve estar presente em todas as práticas de proteção espiritual que realizarmos, seja na meditação, na visualização, nos banhos energéticos ou na utilização de cristais e amuletos. Ao direcionar nossa intenção, amplificamos o poder dessas práticas e as alinhamos com nossos objetivos de proteção.

- **Meditação:** Antes de iniciar a meditação, defina sua intenção de proteção, visualizando-se envolto em uma luz protetora e emanando vibrações elevadas.
- **Visualização:** Utilize a visualização criativa para criar um escudo de luz ao seu redor, imaginando-o forte e impenetrável, repelindo qualquer energia negativa.
- **Banhos Energéticos:** Ao preparar um banho energético, defina a intenção de purificar sua aura, remover energias negativas e atrair vibrações positivas.
- **Cristais e Amuletos:** Ao utilizar cristais ou amuletos de proteção, programe-os com sua intenção, visualizando-os emanando energias de proteção e harmonia.

A Intenção como Ferramenta de Cura:

A intenção também pode ser utilizada como uma ferramenta de cura energética. Ao direcionarmos nossa intenção para a cura de um órgão, chakra ou emoção, mobilizamos as energias curativas do universo e promovemos o reequilíbrio energético.

Cultivando a Pureza da Intenção:

Para que a intenção atue de forma eficaz, é fundamental cultivar a pureza de coração e a sinceridade em nossos propósitos. Intenções egoístas, manipuladoras ou vingativas podem gerar resultados negativos e atrair energias densas.

- **Autoconhecimento:** Busque o autoconhecimento para identificar suas motivações e intenções mais profundas.
- **Compaixão:** Cultive a compaixão e o amor incondicional, direcionando sua intenção para o bem-estar de todos os seres.
- **Responsabilidade:** Assuma a responsabilidade por seus pensamentos, emoções e ações, compreendendo que você é o criador da sua realidade.

Exercícios Práticos:

1. **Definindo Intenções:** Escreva em um papel suas intenções de proteção espiritual, formulando-as de forma clara, positiva e específica.
2. **Visualização da Intenção:** Feche os olhos e visualize sua intenção como uma luz brilhante que emana do seu coração e se expande ao seu redor, criando um escudo protetor.
3. **Intenção na Meditação:** Antes de iniciar sua prática de meditação, defina sua intenção de proteção, visualizando-se envolto em uma luz divina e emanando vibrações elevadas.
4. **Intenção nos Banhos Energéticos:** Ao preparar um banho de ervas, mentalize sua intenção de purificar sua aura, remover energias negativas e atrair vibrações positivas.

A intenção é a chave que abre as portas para a proteção espiritual e a manifestação de seus desejos. Ao cultivar intenções claras, positivas e altruístas, você se alinha com as forças benéficas do universo e constrói uma vida mais harmoniosa, equilibrada e abundante.

Capítulo 6
Altar de Proteção - Guia Prático

Um altar de proteção é muito mais do que um simples arranjo de objetos. É um portal para o divino, um espaço consagrado onde você se conecta com sua espiritualidade, fortalece sua energia e se abre para receber as bênçãos do universo. É um refúgio de paz e serenidade, onde você pode meditar, orar, realizar rituais de purificação e se conectar com seus guias espirituais.

Imagine um jardim secreto, um oásis de tranquilidade em meio à agitação do dia a dia. Seu altar de proteção é como esse jardim, um espaço sagrado onde você cultiva a paz interior, a conexão espiritual e a harmonia energética.

Escolhendo o Local Ideal:

O primeiro passo para criar seu altar de proteção é escolher o local ideal em sua casa. Busque um espaço tranquilo, livre de distrações e com boa circulação de energia. Pode ser um canto em seu quarto, na sala de estar, em um escritório ou em qualquer outro ambiente que lhe inspire paz e conexão espiritual.

- **Intuição:** Siga sua intuição ao escolher o local. Sinta a energia do ambiente e escolha aquele que lhe transmite mais harmonia e serenidade.
- **Privacidade:** Se possível, escolha um local com privacidade, onde você possa se conectar com sua espiritualidade sem interrupções.
- **Luz Natural:** Dê preferência a locais com boa iluminação natural, que trazem vitalidade e energia positiva.
- **Ventilação:** Certifique-se de que o local tenha boa ventilação, para que a energia possa circular livremente.

Elementos Essenciais do Altar:

Seu altar de proteção pode ser personalizado de acordo com suas crenças e preferências, mas alguns elementos são considerados essenciais para criar um espaço sagrado e potencializar suas práticas espirituais:

- **Representação do Divino:** Escolha uma imagem ou símbolo que represente o divino para você, como uma divindade, um mestre espiritual, um anjo ou um símbolo sagrado. Essa representação servirá como ponto focal para suas orações e meditações.
- **Elementos da Natureza:** Incorpore elementos da natureza em seu altar, como flores, plantas, cristais, conchas, água e terra. Esses elementos trazem a energia vital da natureza para seu espaço sagrado, promovendo harmonia e equilíbrio.
- **Velas:** As velas representam a luz divina e a purificação energética. Acenda velas em seu altar para iluminar seu caminho espiritual, elevar sua vibração e invocar a proteção dos seres de luz.
- **Incenso:** O incenso purifica o ambiente, eleva a vibração energética e atrai energias positivas. Utilize incensos de proteção, como olíbano, mirra, sálvia branca ou palo santo.
- **Cristais:** Os cristais são poderosos amplificadores de energia e possuem propriedades curativas e protetoras. Escolha cristais que ressoem com seus objetivos de proteção, como turmalina negra, ametista, quartzo rosa ou selenita.

Personalizando seu Altar:

Além dos elementos essenciais, você pode personalizar seu altar com objetos que tenham significado especial para você, como fotos de entes queridos, livros sagrados, amuletos de proteção, imagens de animais de poder ou qualquer outro objeto que lhe inspire paz e conexão espiritual.

- **Cores:** Utilize cores que transmitam paz, harmonia e proteção, como branco, azul, verde ou violeta.

- **Toalha:** Cubra seu altar com uma toalha branca ou de uma cor que represente a proteção para você.
- **Oferendas:** Ofereça flores frescas, frutas, incensos ou cristais como forma de gratidão e reverência ao divino.

Cuidando do seu Altar:

Seu altar de proteção é um espaço sagrado que requer cuidado e atenção. Mantenha-o limpo, organizado e energizado, realizando limpezas energéticas regulares com defumações, incensos ou sprays de ervas.

- **Limpeza:** Limpe o altar regularmente com um pano úmido e retire qualquer objeto que esteja acumulando poeira ou energias estagnadas.
- **Energização:** Realize defumações com incensos de purificação, como sálvia branca ou palo santo, para remover energias negativas e elevar a vibração do altar.
- **Renovação:** Renove as flores, frutas e oferendas regularmente, mantendo o altar vibrante e energizado.
- **Consagração:** Consagre seu altar com uma oração ou ritual de sua preferência, dedicando-o à proteção espiritual e à conexão com o divino.

Utilizando seu Altar:

Seu altar de proteção é um espaço sagrado para suas práticas espirituais. Utilize-o para meditar, orar, realizar rituais de purificação, se conectar com seus guias espirituais ou simplesmente contemplar a beleza e a paz que ele emana.

- **Meditação:** Sente-se confortavelmente em frente ao seu altar, feche os olhos e se concentre na sua respiração. Visualize-se envolto em uma luz protetora e se conecte com a energia do seu espaço sagrado.
- **Oração:** Faça suas orações em frente ao altar, expressando sua gratidão, seus pedidos de proteção e seus desejos mais profundos.
- **Rituais:** Realize rituais de purificação, como banhos de ervas ou defumações, em frente ao seu altar, intencionando a limpeza energética e a proteção espiritual.

- **Conexão com Guias:** Invoque a presença de seus guias espirituais em frente ao altar, pedindo sua orientação, proteção e auxílio em sua jornada.

Exercícios Práticos:
1. **Crie seu Altar:** Reúna os elementos essenciais e personalize seu altar de proteção de acordo com suas crenças e preferências.
2. **Consagração:** Consagre seu altar com uma oração ou ritual de sua preferência, dedicando-o à proteção espiritual e à conexão com o divino.
3. **Meditação no Altar:** Sente-se em frente ao seu altar, feche os olhos e medite por alguns minutos, visualizando-se envolto em uma luz protetora.
4. **Oferendas:** Ofereça flores frescas, frutas ou incensos ao seu altar como forma de gratidão e reverência ao divino.

Seu altar de proteção é um espaço sagrado que reflete sua conexão com a espiritualidade. Cultive esse espaço com amor, dedicação e respeito, e ele se tornará um farol de luz em sua vida, guiando-o em sua jornada de autoconhecimento e proteção espiritual.

Capítulo 7
Cristais na Proteção Energética

Os cristais são formações minerais que se originam nas profundezas da Terra, resultado de milhões de anos de processos geológicos. Cada cristal possui uma estrutura molecular única, que vibra em uma frequência específica, emanando energias sutis que podem influenciar nosso corpo, mente e espírito.

Imagine os cristais como antenas que captam, amplificam e transmitem energias. Eles atuam como filtros, absorvendo vibrações negativas, transmutando energias densas e emanando vibrações elevadas que promovem harmonia, equilíbrio e proteção.

Cristais e a Energia Sutil:
Os cristais interagem com a energia sutil que permeia o universo, influenciando nosso campo energético e nossos chakras. Cada cristal possui propriedades únicas, que podem ser utilizadas para diferentes fins, como cura, proteção, elevação da vibração e manifestação de nossos desejos.

Cristais de Proteção:
Diversos cristais são conhecidos por suas propriedades protetoras, criando um escudo energético ao nosso redor e neutralizando energias negativas. Alguns dos cristais de proteção mais populares incluem:

- **Turmalina Negra:** Considerada um dos cristais de proteção mais poderosos, a turmalina negra atua como um escudo contra energias negativas, afastando a inveja, o olho gordo e ataques psíquicos. Ela também auxilia na purificação energética e no aterramento.
- **Ametista:** Com sua vibração elevada, a ametista transmuta energias negativas em positivas, promovendo

paz interior, proteção espiritual e conexão com o divino. Ela também auxilia na meditação e no desenvolvimento da intuição.
- **Quartzo Rosa:** O quartzo rosa emana energias de amor, cura e compaixão, criando um escudo protetor contra energias negativas e promovendo a harmonia nos relacionamentos. Ele também auxilia na cura emocional e no desenvolvimento do amor próprio.
- **Olho de Tigre:** Com sua energia vibrante, o olho de tigre afasta energias negativas, protege contra a inveja e fortalece a autoconfiança. Ele também auxilia na tomada de decisões e na manifestação de prosperidade.
- **Ônix:** O ônix absorve energias negativas, protege contra ataques psíquicos e fortalece a força interior. Ele também auxilia na superação de traumas e no desenvolvimento da autodisciplina.Ônix Crystal
- **Selenita:** Com sua vibração elevada, a selenita purifica o ambiente, eleva a vibração energética e cria um escudo protetor contra energias negativas. Ela também auxilia na conexão com o divino e no desenvolvimento da intuição.

Como Utilizar os Cristais para Proteção:

Existem diversas formas de utilizar os cristais para proteção energética:
- **Usar como Amuleto:** Carregue consigo um cristal de proteção em forma de pingente, pulseira ou chaveiro.
- **Meditar com Cristais:** Segure um cristal de proteção durante a meditação, visualizando sua energia protetora envolvendo seu corpo.
- **Colocar no Ambiente:** Posicione cristais de proteção em sua casa, escritório ou qualquer ambiente que você queira proteger de energias negativas.
- **Criar um Escudo de Cristais:** Posicione cristais de proteção em círculo ao seu redor, criando um escudo energético que repele energias negativas.

- **Utilizar em Banhos Energéticos:** Adicione cristais de proteção à água do seu banho, intencionando a purificação energética e a proteção espiritual.
- **Programar Cristais:** Programe seus cristais com sua intenção de proteção, visualizando-os emanando energias de proteção e harmonia.

Cuidando dos seus Cristais:

Os cristais absorvem energias do ambiente e de quem os utiliza, por isso é importante limpá-los e energizá-los regularmente.

- **Limpeza:** Limpe seus cristais com água corrente, sal grosso, terra ou incensos de purificação.
- **Energização:** Energize seus cristais com a luz do sol, da lua ou com a energia de outros cristais, como a selenita.

Escolhendo seus Cristais:

Ao escolher seus cristais de proteção, confie em sua intuição. Sinta a energia de cada cristal e escolha aquele que mais ressoa com você e com seus objetivos de proteção.

Exercícios Práticos:

1. **Escolha um Cristal:** Visite uma loja de cristais e escolha um cristal de proteção que lhe chame atenção.
2. **Limpeza e Energização:** Limpe e energize seu cristal de proteção antes de utilizá-lo.
3. **Meditação com Cristal:** Segure seu cristal de proteção durante a meditação, visualizando sua energia protetora envolvendo seu corpo.
4. **Proteção do Ambiente:** Posicione seu cristal de proteção em um local estratégico em sua casa ou escritório, intencionando a proteção do ambiente.

Os cristais são poderosos aliados em nossa jornada de proteção energética. Ao utilizarmos seus benefícios com sabedoria e intenção, podemos fortalecer nossa aura, harmonizar nossas energias e construir uma vida mais protegida e equilibrada.

Capítulo 8
Chakras e seus Papéis na Proteção

Os chakras são centros de energia vital localizados ao longo da coluna vertebral, desde a base até o topo da cabeça. Imagine-os como vórtices energéticos que captam, processam e distribuem a energia vital (prana) por todo o nosso corpo, nutrindo órgãos, glândulas e sistemas.

Cada chakra está associado a diferentes aspectos da nossa vida, como a vitalidade física, as emoções, a intuição, a comunicação e a espiritualidade. Quando nossos chakras estão em equilíbrio, a energia flui livremente, promovendo saúde, harmonia e bem-estar. No entanto, quando um ou mais chakras estão desequilibrados, podemos experienciar bloqueios energéticos, desequilíbrios emocionais e até mesmo doenças físicas.

Os Sete Chakras Principais:

Existem sete chakras principais, cada um com sua cor, função e associações específicas:

1. **Chakra Raiz (Muladhara):** Localizado na base da coluna vertebral, está ligado à nossa conexão com a Terra, à sobrevivência, à segurança e à estabilidade. Sua cor é vermelha.
2. **Chakra Sacral (Svadhisthana):** Localizado na região do baixo ventre, está ligado à criatividade, à sexualidade, às emoções e ao prazer. Sua cor é laranja.
3. **Chakra Plexo Solar (Manipura):** Localizado na região do estômago, está ligado à força de vontade, ao poder pessoal, à autoestima e à autoconfiança. Sua cor é amarela.

4. **Chakra Cardíaco (Anahata):** Localizado no centro do peito, está ligado ao amor, à compaixão, à empatia e à cura. Sua cor é verde.
5. **Chakra Laríngeo (Vishuddha):** Localizado na garganta, está ligado à comunicação, à expressão criativa e à autenticidade. Sua cor é azul.
6. **Chakra Frontal (Ajna):** Localizado no centro da testa, entre as sobrancelhas, está ligado à intuição, à sabedoria e à visão interior. Sua cor é índigo.
7. **Chakra Coronário (Sahasrara):** Localizado no topo da cabeça, está ligado à conexão com o divino, à espiritualidade e à iluminação. Sua cor é violeta ou branco.

O Papel dos Chakras na Proteção:

Os chakras desempenham um papel fundamental na proteção energética, atuando como filtros que regulam o fluxo de energia em nosso corpo. Quando nossos chakras estão equilibrados e fortalecidos, criamos um escudo energético que nos protege de influências negativas e ataques psíquicos.

- **Chakra Raiz:** Um chakra raiz forte nos ancora à Terra, proporcionando segurança, estabilidade e proteção contra energias densas.
- **Chakra Sacral:** Um chakra sacral equilibrado nos permite lidar com as emoções de forma saudável, evitando que energias negativas nos afetem emocionalmente.
- **Chakra Plexo Solar:** Um chakra plexo solar forte nos empodera, aumenta nossa autoconfiança e nos protege de influências manipuladoras.
- **Chakra Cardíaco:** Um chakra cardíaco aberto e amoroso nos protege com a energia do amor, criando um escudo de compaixão e empatia.
- **Chakra Laríngeo:** Um chakra laríngeo equilibrado nos permite expressar nossa verdade com clareza e autenticidade, afastando energias negativas que tentam nos silenciar.

- **Chakra Frontal:** Um chakra frontal desenvolvido nos conecta com nossa intuição, permitindo-nos discernir energias negativas e nos proteger de influências indesejadas.
- **Chakra Coronário:** Um chakra coronário aberto nos conecta com o divino, recebendo proteção e orientação dos planos superiores.

Equilibrando os Chakras:

Para fortalecer nossa proteção energética, é fundamental manter nossos chakras equilibrados e harmonizados. Existem diversas técnicas que podemos utilizar para equilibrar os chakras, como:

- **Meditação:** Meditar nos chakras, visualizando sua cor e energia, promove o equilíbrio e a harmonização.
- **Yoga:** As posturas (asanas) e técnicas de respiração (pranayama) do yoga auxiliam no equilíbrio dos chakras.
- **Cristais:** Utilizar cristais que correspondem à cor de cada chakra pode auxiliar no seu equilíbrio e energização.
- **Aromaterapia:** Utilizar óleos essenciais que correspondem à vibração de cada chakra pode auxiliar na sua harmonização.
- **Reiki:** O Reiki é uma técnica de cura energética que promove o equilíbrio dos chakras e o fluxo da energia vital.

Exercícios Práticos:

1. **Meditação nos Chakras:** Sente-se confortavelmente, feche os olhos e visualize cada chakra, um de cada vez, imaginando sua cor e energia vibrante.
2. **Cristais nos Chakras:** Deite-se e posicione um cristal que corresponda à cor de cada chakra sobre o seu corpo. Relaxe e permita que a energia do cristal harmonize o chakra.
3. **Respiração para os Chakras:** Sente-se com a coluna ereta e respire profundamente, visualizando a energia vital fluindo por cada chakra, energizando e equilibrando-o.

Os chakras são centros de energia vital que influenciam nosso bem-estar físico, emocional e espiritual. Ao mantê-los equilibrados e harmonizados, fortalecemos nossa proteção energética e construímos uma vida mais saudável, harmoniosa e abundante.

Capítulo 9
Aromaterapia para Proteção e Purificação Energética

em nossa jornada de proteção e purificação energética.

A aromaterapia é uma prática terapêutica que utiliza os aromas extraídos de plantas para promover o bem-estar físico, emocional e espiritual. Os óleos essenciais, que contêm a essência vital das plantas, atuam sobre nosso sistema límbico, responsável pelas emoções e memórias, promovendo relaxamento, equilíbrio e harmonização energética.

Imagine um jardim repleto de flores, ervas e árvores, cada uma com seu aroma único e propriedades terapêuticas. A aromaterapia nos permite acessar essa sabedoria ancestral da natureza, utilizando os óleos essenciais para fortalecer nossa aura, purificar nosso ambiente e elevar nossa vibração.

Óleos Essenciais e a Energia Sutil:

Os óleos essenciais possuem vibrações energéticas que interagem com nosso campo energético, influenciando nossas emoções, pensamentos e estado de espírito. Cada óleo essencial possui propriedades específicas, que podem ser utilizadas para diferentes fins, como relaxamento, energização, purificação e proteção.

Óleos Essenciais para Proteção:

Diversos óleos essenciais são conhecidos por suas propriedades protetoras, criando um escudo energético ao nosso redor e neutralizando energias negativas. Alguns dos óleos essenciais de proteção mais populares incluem:

- **Alecrim:** Com sua energia vibrante e purificadora, o alecrim afasta energias negativas, fortalece a aura e

promove a clareza mental. Ele também é conhecido por atrair prosperidade e abundância.
- **Arruda:** Tradicionalmente utilizada para afastar o mau-olhado e a inveja, a arruda possui uma forte energia de proteção, purificando o ambiente e neutralizando energias negativas.
- **Sálvia Branca:** Considerada sagrada em diversas culturas, a sálvia branca purifica o ambiente, afasta energias negativas e promove a harmonização energética. Ela também é utilizada para limpeza de cristais e objetos.
- **Palo Santo:** Com sua energia purificadora e elevada, o palo santo afasta energias negativas, atrai boas vibrações e promove a paz interior. Ele também é utilizado para limpeza de ambientes e harmonização energética.
- **Lavanda:** Com seu aroma relaxante e calmante, a lavanda promove a paz interior, afasta energias negativas e auxilia na harmonização do sono.
- **Mirra:** Utilizada desde a antiguidade em rituais de purificação e proteção, a mirra afasta energias negativas, eleva a vibração espiritual e promove a conexão com o divino.
- **Olíbano:** Conhecido como o "rei dos incensos", o olíbano purifica o ambiente, eleva a vibração espiritual e atrai energias positivas. Ele também é utilizado para meditação e conexão com o divino.
- **Como Utilizar os Óleos Essenciais para Proteção:**

Existem diversas formas de utilizar os óleos essenciais para proteção e purificação energética:
- **Difusor de Aromas:** Adicione algumas gotas do óleo essencial de sua preferência em um difusor de aromas e desfrute de seus benefícios aromáticos e energéticos.
- **Inalação:** Inale diretamente o aroma do óleo essencial, colocando algumas gotas em um lenço ou nas mãos.
- **Banhos Aromáticos:** Adicione algumas gotas do óleo essencial à água do seu banho, intencionando a purificação energética e a proteção espiritual.

- **Massagem:** Dilua algumas gotas do óleo essencial em um óleo vegetal carreador, como óleo de coco ou amêndoas, e realize uma massagem relaxante e energética.
- **Spray de Ambiente:** Misture algumas gotas do óleo essencial em água e borrife no ambiente para purificar e harmonizar as energias.
- **Amuletos Aromáticos:** Pingue algumas gotas do óleo essencial em um pedaço de algodão e carregue-o consigo como um amuleto de proteção.

Precauções:
- Utilize apenas óleos essenciais puros e de qualidade terapêutica.
- Sempre dilua os óleos essenciais em um óleo vegetal carreador antes de aplicar na pele.
- Faça um teste de sensibilidade antes de utilizar um novo óleo essencial, aplicando uma pequena quantidade na pele e observando por 24 horas.
- Consulte um aromaterapeuta ou profissional de saúde qualificado para obter orientação sobre o uso dos óleos essenciais, especialmente se você estiver grávida, amamentando ou tiver alguma condição de saúde.

Exercícios Práticos:
1. **Crie um Spray de Ambiente:** Misture algumas gotas de óleo essencial de alecrim, arruda ou sálvia branca em água e borrife no ambiente para purificar as energias.
2. **Banho Aromático:** Adicione algumas gotas de óleo essencial de lavanda ou mirra à água do seu banho para relaxar e harmonizar suas energias.
3. **Amuleto de Proteção:** Pingue algumas gotas de óleo essencial de olíbano ou palo santo em um pedaço de algodão e carregue-o consigo como um amuleto de proteção.

A aromaterapia é uma ferramenta poderosa para promover o bem-estar físico, emocional e espiritual. Ao utilizarmos os óleos essenciais com sabedoria e intenção, podemos fortalecer nossa aura, purificar nosso ambiente e construir uma vida mais protegida e harmoniosa.

Capítulo 10
Técnicas de Respiração para Limpeza e Proteção Energética

A respiração é a base da vida, o elo entre o corpo físico e a energia vital que nos anima. É através da respiração que absorvemos o prana, a força vital que nutre nosso corpo e mente. No entanto, a maioria de nós respira de forma superficial e inconsciente, limitando o fluxo de energia vital e comprometendo nossa vitalidade e bem-estar.

Através de técnicas de respiração consciente, podemos aprofundar nossa conexão com a energia vital, purificar nosso corpo energético, acalmar a mente e fortalecer nossa aura. A respiração se torna, assim, uma ferramenta poderosa para a proteção espiritual, auxiliando-nos a liberar energias negativas, elevar nossa vibração e criar um escudo protetor ao nosso redor.

Respiração e Energia Vital:
A respiração consciente nos permite acessar e controlar o fluxo de prana em nosso corpo. Ao inspirarmos profundamente, absorvemos prana, oxigenando o sangue e energizando as células. Ao expirarmos, liberamos toxinas, tensões e energias negativas.

Técnicas de Respiração para Limpeza Energética:
- **Respiração Diafragmática:** Essa técnica consiste em respirar profundamente, utilizando o diafragma, o músculo que separa o tórax do abdômen. Ao inspirar, o diafragma se contrai, expandindo o abdômen, e ao expirar, o diafragma relaxa, contraindo o abdômen. Essa respiração profunda promove a oxigenação do corpo, a liberação de tensões e a purificação energética.

- **Respiração Alternada (Nadi Shodhana):** Essa técnica consiste em respirar alternadamente pelas narinas, utilizando o polegar e o dedo anelar para fechar cada narina. A respiração alternada equilibra os hemisférios cerebrais, harmoniza as energias do corpo e promove a clareza mental.
- **Respiração do Fogo (Kapalabhati):** Essa técnica consiste em realizar expirações curtas e rápidas pelo nariz, contraindo o abdômen a cada expiração. A respiração do fogo purifica o corpo energético, aumenta a vitalidade e fortalece o sistema imunológico.

Técnicas de Respiração para Proteção Energética:

- **Respiração da Luz:** Essa técnica consiste em inspirar profundamente, visualizando uma luz branca e radiante preenchendo todo o seu corpo, e expirar, visualizando as energias negativas sendo liberadas. A respiração da luz fortalece a aura, eleva a vibração e cria um escudo protetor ao seu redor.
- **Respiração com Visualização:** Essa técnica consiste em combinar a respiração consciente com a visualização criativa. Ao inspirar, visualize a energia vital fluindo por todo o seu corpo, energizando e protegendo cada célula. Ao expirar, visualize as energias negativas sendo liberadas e dissolvidas no universo.
- **Respiração com Afirmações:** Essa técnica consiste em combinar a respiração consciente com afirmações positivas. Ao inspirar, repita mentalmente uma afirmação de proteção, como "Estou protegido por uma luz divina", e ao expirar, libere qualquer medo ou insegurança.

Benefícios da Respiração Consciente:

- **Redução do Estresse e Ansiedade:** A respiração consciente acalma o sistema nervoso, reduzindo o estresse, a ansiedade e a tensão muscular.
- **Melhora da Concentração e Foco:** A respiração consciente aumenta o fluxo de oxigênio para o cérebro, melhorando a concentração, o foco e a clareza mental.

- **Equilíbrio Emocional:** A respiração consciente nos ajuda a regular as emoções, promovendo o equilíbrio emocional e a paz interior.
- **Fortalecimento do Sistema Imunológico:** A respiração profunda estimula o sistema linfático, responsável pela eliminação de toxinas e fortalecimento do sistema imunológico.
- **Aumento da Vitalidade e Energia:** A respiração consciente aumenta o fluxo de prana em nosso corpo, promovendo a vitalidade, a energia e o bem-estar.

Exercícios Práticos:
1. **Respiração Diafragmática:** Sente-se ou deite-se confortavelmente, coloque uma mão sobre o abdômen e outra sobre o peito. Inspire profundamente pelo nariz, expandindo o abdômen, e expire lentamente pela boca, contraindo o abdômen.
2. **Respiração Alternada:** Sente-se com a coluna ereta, feche a narina direita com o polegar e inspire pela narina esquerda. Feche a narina esquerda com o dedo anelar, solte o polegar e expire pela narina direita. Inspire pela narina direita, feche-a com o polegar, solte o dedo anelar e expire pela narina esquerda. Repita esse ciclo por alguns minutos.
3. **Respiração da Luz:** Sente-se confortavelmente, feche os olhos e inspire profundamente, visualizando uma luz branca e radiante preenchendo todo o seu corpo. Expire lentamente, visualizando as energias negativas sendo liberadas e dissolvidas no universo.

A respiração é uma ferramenta poderosa e acessível a todos. Ao praticar a respiração consciente regularmente, você fortalece sua conexão com a energia vital, purifica seu corpo energético, acalma a mente e constrói uma base sólida para a proteção espiritual.

Capítulo 11
Meditação para Fortalecimento Espiritual

A meditação é uma prática que nos convida a silenciar o turbilhão de pensamentos, aquietar as emoções e mergulhar em um estado de profunda paz interior. É um momento de encontro consigo mesmo, de conexão com a sabedoria interior e de abertura para as energias sutis do universo.

Imagine um lago tranquilo, com a superfície calma refletindo a beleza do céu. A meditação é como esse lago, acalmando as ondas da mente e revelando a profundidade e a clareza da nossa consciência.

Meditação e Proteção Espiritual:

A meditação é uma ferramenta poderosa para o fortalecimento espiritual e a proteção energética. Através da prática regular, cultivamos a paz interior, a serenidade e a clareza mental, criando um escudo protetor contra as energias negativas e os desafios da vida.

- **Acalma a Mente:** A mente agitada é um portal para energias negativas e pensamentos autodestrutivos. A meditação acalma o turbilhão mental, reduzindo a ansiedade, o estresse e a vulnerabilidade a influências externas.
- **Fortalece a Aura:** A aura é como um campo energético que envolve nosso corpo, refletindo nossa saúde e estado emocional. A meditação fortalece a aura, tornando-a mais resistente a ataques e influências negativas.
- **Eleva a Vibração:** A meditação nos conecta com nossa essência divina, elevando nossa vibração energética e atraindo energias positivas para nossa vida.

- **Desperta a Intuição:** A intuição é como uma bússola interna que nos guia em nossas decisões. A meditação nos ajuda a acessar nossa intuição, discernindo energias negativas e tomando decisões mais sábias.
- **Conecta com o Divino:** A meditação nos abre para a conexão com o divino, com nossos guias espirituais e com a fonte infinita de amor e sabedoria do universo.

Tipos de Meditação:

Existem diversos tipos de meditação, cada um com suas técnicas e objetivos específicos. Algumas das práticas mais comuns incluem:

- **Meditação da Respiração:** Consiste em focar a atenção na respiração, observando o fluxo de ar que entra e sai do corpo. Essa técnica acalma a mente, reduz o estresse e promove o relaxamento.
- **Meditação Guiada:** Consiste em seguir as instruções de um guia, que conduz a meditação através de visualizações, afirmações ou imagens mentais. Essa técnica é ideal para iniciantes e para aqueles que buscam direcionamento em sua prática.
- **Meditação Mindfulness:** Consiste em prestar atenção ao momento presente, observando os pensamentos, emoções e sensações sem julgamento. Essa técnica aumenta a consciência, reduz a ansiedade e promove a aceitação.
- **Meditação Transcendental:** Consiste em utilizar mantras, sons ou palavras sagradas para aquietar a mente e acessar estados mais profundos de consciência. Essa técnica promove o relaxamento profundo, a redução do estresse e o desenvolvimento espiritual.

Criando um Espaço para Meditar:

Para criar um ambiente propício à meditação, busque um local tranquilo, livre de distrações, com boa iluminação e ventilação. Você pode utilizar seu altar de proteção como espaço para meditar, criando uma atmosfera sagrada e harmoniosa.

- **Postura:** Sente-se confortavelmente com a coluna ereta, em uma cadeira ou no chão com as pernas cruzadas.

Mantenha as mãos relaxadas sobre as coxas ou em posição de mudra (gesto simbólico com as mãos).
- **Tempo:** Comece com meditações curtas, de 5 a 10 minutos, e aumente gradualmente o tempo à medida que se sentir mais confortável.
- **Consistência:** A chave para o sucesso na meditação é a consistência. Procure meditar diariamente, mesmo que seja por poucos minutos.

Exercícios Práticos:
1. **Meditação da Respiração:** Sente-se confortavelmente, feche os olhos e observe o fluxo natural da sua respiração. Concentre-se na sensação do ar entrando e saindo do seu corpo, sem tentar controlar a respiração.
2. **Meditação Guiada:** Busque uma meditação guiada online ou em aplicativos de meditação. Siga as instruções do guia, visualizando as imagens e sentindo as emoções que a meditação evoca.
3. **Meditação com Mantra:** Escolha um mantra que ressoe com você, como "Om Shanti" (paz) ou "Om Mani Padme Hum" (compaixão). Repita o mantra mentalmente durante a meditação, focando na vibração do som.

A meditação é uma jornada de autoconhecimento e conexão com o divino. Ao cultivar a prática regularmente, você fortalece seu espírito, acalma a mente e constrói uma base sólida para a proteção espiritual e o bem-estar em sua vida.

Capítulo 12
Visualização Criativa para Blindagem Energética

A visualização criativa é a capacidade de criar imagens mentais vívidas e realistas, utilizando a imaginação para influenciar a realidade. É uma ferramenta poderosa que pode ser utilizada para diversos fins, como cura, manifestação de desejos, superação de desafios e, claro, proteção espiritual.

Imagine um artista pintando uma obra de arte, utilizando cores, formas e texturas para expressar sua visão. A visualização criativa é como essa pintura, onde você utiliza sua imaginação para criar imagens mentais que evocam emoções, energias e resultados positivos.

Visualização e Energia Sutil:

Nossas mentes possuem um poder criativo imenso, capaz de influenciar a energia sutil que permeia o universo. Quando visualizamos com clareza e emoção, enviamos ondas de energia que interagem com o campo quântico, atraindo para nós as experiências que desejamos.

No contexto da proteção espiritual, a visualização criativa atua como um escudo energético, repelindo energias negativas e criando uma barreira protetora ao seu redor. Ao visualizar imagens de proteção, você fortalece sua aura, eleva sua vibração e se conecta com as forças benéficas do universo.

Visualizações para Blindagem Energética:

- **Escudo de Luz:** Imagine-se envolto em uma esfera de luz branca e radiante, que o protege de todas as energias negativas. Visualize essa luz como uma barreira impenetrável, repelindo qualquer vibração densa que tente

se aproximar. Sinta a paz e a segurança que essa luz lhe proporciona.
- **Espelho Refletor:** Imagine que seu corpo está envolto por um espelho que reflete todas as energias negativas de volta para sua origem. Visualize esse espelho como uma superfície lisa e impenetrável, que impede qualquer energia densa de penetrar em seu campo energético.
- **Cascata de Luz:** Imagine-se em pé sob uma cascata de luz branca e purificadora, que limpa e energiza seu corpo energético. Sinta a água da cascata lavando e removendo qualquer energia negativa, deixando-o renovado e protegido.
- **Manto de Proteção:** Visualize-se vestindo um manto de luz, que o envolve como uma armadura protetora. Sinta a força e a segurança que esse manto lhe proporciona, afastando qualquer energia negativa que tente se aproximar.
- **Animal de Poder:** Invoque a presença do seu animal de poder, visualizando-o ao seu lado, protegendo-o com sua força e sabedoria. Sinta a conexão com esse animal e a confiança que sua presença lhe transmite.

Dicas para uma Visualização Eficaz:
- **Ambiente Tranquilo:** Encontre um local tranquilo e livre de distrações para realizar suas visualizações.
- **Relaxamento:** Relaxe seu corpo e mente antes de iniciar a visualização, utilizando técnicas de respiração ou meditação.
- **Imagens Vivas:** Crie imagens mentais vívidas e realistas, utilizando todos os seus sentidos: visão, audição, tato, olfato e paladar.
- **Emoções Positivas:** Associe emoções positivas às suas visualizações, como paz, segurança, confiança e gratidão.
- **Repetição:** Repita suas visualizações regularmente para fortalecer sua blindagem energética.

Visualização no Dia a Dia:

A visualização criativa pode ser utilizada em diversos momentos do seu dia a dia para fortalecer sua proteção energética:
- **Ao Acordar:** Visualize-se envolto em uma luz protetora antes de iniciar suas atividades.
- **Antes de Dormir:** Visualize um escudo de luz ao seu redor enquanto dorme, protegendo-o de energias negativas.
- **Em Ambientes Carregados:** Visualize um espelho refletor ao seu redor ao entrar em ambientes carregados ou com energias negativas.
- **Em Situações Desafiadoras:** Visualize seu animal de poder ao seu lado, guiando-o e protegendo-o em situações desafiadoras.

Exercícios Práticos:
1. **Escudo de Luz:** Sente-se confortavelmente, feche os olhos e visualize uma esfera de luz branca e radiante envolvendo seu corpo. Sinta a paz e a segurança que essa luz lhe proporciona.
2. **Espelho Refletor:** Imagine-se em pé em frente a um espelho, que reflete todas as energias negativas de volta para sua origem. Visualize esse espelho como uma barreira impenetrável.
3. **Animal de Poder:** Invoque a presença do seu animal de poder, visualizando-o ao seu lado, protegendo-o com sua força e sabedoria.

A visualização criativa é uma ferramenta poderosa para a proteção espiritual. Ao utilizar sua imaginação com clareza, emoção e intenção, você constrói uma blindagem energética que o protege de influências negativas e o conecta com as forças benéficas do universo.

Capítulo 13
Afirmações Positivas para Elevar a Vibração

As afirmações positivas são frases curtas e poderosas que, quando repetidas com convicção e emoção, reprogramam nossa mente subconsciente, substituindo crenças limitantes por padrões de pensamento positivos e empoderadores. É como se estivéssemos plantando sementes de positividade em nosso jardim interior, cultivando pensamentos e emoções que nos impulsionam em direção ao bem-estar e à realização.

Imagine um jardineiro cuidando de suas plantas com carinho, regando-as, adubando-as e podando os galhos secos. As afirmações positivas são como esse cuidado com nosso jardim interior, nutrindo nossa mente com pensamentos positivos, eliminando crenças limitantes e cultivando emoções elevadas.

Afirmações e a Energia Sutil:

Nossas palavras possuem um poder criativo imenso, capaz de influenciar a energia sutil que permeia o universo. Quando repetimos afirmações positivas com convicção, emitimos vibrações elevadas que interagem com o campo quântico, atraindo para nós as experiências que desejamos.

No contexto da proteção espiritual, as afirmações positivas atuam como um escudo energético, repelindo energias negativas e fortalecendo nossa aura. Ao afirmarmos nossa força, nossa proteção e nossa conexão com o divino, criamos uma realidade mais positiva e harmoniosa.

Afirmações para Proteção Espiritual:
- **"Estou protegido por uma luz divina."** Essa afirmação invoca a proteção dos planos superiores, criando um escudo de luz ao seu redor.

- **"Minha aura é forte e radiante, repelindo todas as energias negativas."** Essa afirmação fortalece sua aura, tornando-a mais resistente a ataques e influências negativas.
- **"Eu sou um ser de luz, vibrando em alta frequência e atraindo apenas energias positivas."** Essa afirmação eleva sua vibração energética, afastando energias densas e atraindo vibrações elevadas.
- **"Confio na minha intuição e me guio pela sabedoria divina."** Essa afirmação fortalece sua conexão com sua intuição e com o divino, guiando-o em suas decisões e protegendo-o de influências negativas.
- **"Sou grato por todas as bênçãos em minha vida e me abro para receber mais abundância e proteção."** Essa afirmação cultiva a gratidão, elevando sua vibração e atraindo mais proteção e prosperidade para sua vida.

Dicas para Criar Afirmações Poderosas:
- **Utilize o tempo presente:** Afirme como se o que você deseja já fosse realidade.
- **Seja específico:** Defina com clareza o que você deseja manifestar.
- **Utilize linguagem positiva:** Evite palavras negativas, como "não" ou "nunca".
- **Acrescente emoção:** Sinta a emoção daquilo que você está afirmando.
- **Repita com frequência:** Repita suas afirmações várias vezes ao dia, com convicção e emoção.

Utilizando Afirmações no Dia a Dia:
- **Ao Acordar:** Repita suas afirmações positivas ao acordar, programando seu dia com positividade e proteção.
- **Antes de Dormir:** Afirme sua proteção e paz interior antes de dormir, criando um sono tranquilo e reparador.
- **Em Momentos de Dificuldade:** Utilize afirmações positivas para fortalecer sua confiança e superar desafios.

- **Em Meditação:** Repita suas afirmações durante a meditação, amplificando seu poder e conectando-se com sua essência divina.

Exercícios Práticos:
1. **Crie suas Afirmações:** Escreva suas próprias afirmações positivas de proteção, utilizando as dicas mencionadas acima.
2. **Repita suas Afirmações:** Repita suas afirmações em voz alta ou mentalmente várias vezes ao dia, com convicção e emoção.
3. **Afirmações em frente ao Espelho:** Olhe-se no espelho e repita suas afirmações, sentindo a verdade e o poder de suas palavras.
4. **Gravação de Afirmações:** Grave suas afirmações em áudio e ouça-as regularmente, permitindo que as palavras penetrem em sua mente subconsciente.

As afirmações positivas são ferramentas poderosas para reprogramar sua mente, elevar sua vibração e atrair energias benéficas para sua vida. Ao cultivar pensamentos e emoções positivas, você fortalece sua proteção espiritual e constrói uma realidade mais harmoniosa e abundante.

Capítulo 14
O Poder da Gratidão na Proteção Espiritual

A gratidão é muito mais do que um simples "obrigado". É uma atitude, um estado de espírito que reconhece e valoriza as bênçãos em nossa vida, desde as pequenas alegrias do cotidiano até as grandes conquistas. É um sentimento que nos conecta com a abundância do universo e nos abre para receber mais prosperidade, amor e proteção.

Imagine um ímã que atrai tudo aquilo que vibra em sua mesma frequência. A gratidão é como esse ímã, atraindo para nossa vida mais daquilo que agradecemos, seja saúde, amor, paz interior ou proteção espiritual.

Gratidão e a Energia Sutil:

A gratidão é uma vibração energética poderosa que emana do nosso coração e se expande para o universo. Quando cultivamos a gratidão, elevamos nossa frequência vibratória, criando um campo energético mais luminoso e receptivo às bênçãos do universo.

No contexto da proteção espiritual, a gratidão atua como um escudo energético, repelindo energias negativas e atraindo a proteção das forças divinas. Ao agradecermos pelas bênçãos em nossa vida, reconhecemos a abundância do universo e nos abrimos para receber mais proteção e orientação espiritual.

Benefícios da Gratidão na Proteção Espiritual:

- **Fortalece a Aura:** A gratidão emana vibrações elevadas que fortalecem nossa aura, tornando-a mais resistente a ataques e influências negativas.

- **Eleva a Vibração:** Ao cultivarmos a gratidão, elevamos nossa frequência vibratória, afastando energias densas e atraindo vibrações elevadas de amor, paz e proteção.
- **Conecta com o Divino:** A gratidão nos conecta com a fonte divina, com nossos guias espirituais e com a abundância do universo, abrindo caminho para recebermos proteção e orientação espiritual.
- **Neutraliza Energias Negativas:** A vibração da gratidão é incompatível com as energias negativas, neutralizando-as e criando um escudo protetor ao nosso redor.
- **Atrai Bênçãos:** Ao agradecermos pelas bênçãos em nossa vida, abrimos espaço para recebermos mais prosperidade, amor, saúde e proteção.

Práticas de Gratidão para Proteção:
- **Diário da Gratidão:** Reserve um tempo todos os dias para escrever em um diário tudo aquilo pelo que você é grato. Anote as pequenas alegrias do cotidiano, as conquistas, os aprendizados e as pessoas que te amam.
- **Meditação da Gratidão:** Dedique um tempo para meditar na gratidão, sentindo em seu coração a alegria e a abundância que te cercam. Visualize tudo aquilo pelo que você é grato e agradeça ao universo por essas bênçãos.
- **Afirmações de Gratidão:** Repita afirmações de gratidão ao longo do dia, como "Sou grato por todas as bênçãos em minha vida" ou "Agradeço ao universo por me proteger e guiar".
- **Gratidão pelas Dificuldades:** Agradeça pelas dificuldades e desafios, pois eles te proporcionam aprendizado e crescimento espiritual. Reconheça que as dificuldades te fortalecem e te conduzem para um caminho de maior evolução.
- **Expressar Gratidão:** Expresse sua gratidão às pessoas que te amam, que te ajudam e que fazem parte da sua vida. Um simples "obrigado" pode fazer toda a diferença.

Exercícios Práticos:

1. **Lista de Gratidão:** Escreva uma lista com pelo menos 10 coisas pelas quais você é grato neste momento.
2. **Meditação da Gratidão:** Sente-se confortavelmente, feche os olhos e pense em tudo aquilo pelo que você é grato. Sinta a emoção da gratidão em seu coração e agradeça ao universo por essas bênçãos.
3. **Carta de Gratidão:** Escreva uma carta de gratidão para alguém que você ama, expressando seus sentimentos e agradecendo por sua presença em sua vida.

A gratidão é um sentimento poderoso que transforma vidas. Ao cultivar a gratidão em seu coração, você eleva sua vibração, fortalece sua aura e atrai a proteção do universo para sua vida.

Capítulo 15
Banhos Energéticos para Limpeza e Purificação

Os banhos energéticos são uma tradição milenar presente em diversas culturas ao redor do mundo. Utilizando a força da natureza, através de ervas, flores e outros elementos, esses banhos promovem a limpeza energética, a harmonização dos chakras e o fortalecimento da aura, auxiliando na proteção contra energias negativas e no reequilíbrio do corpo e mente.

Imagine um rio cristalino que lava e purifica tudo o que toca. Os banhos energéticos são como esse rio, removendo as impurezas energéticas que acumulamos ao longo do dia, revitalizando nosso corpo e alma.

Banhos Energéticos e a Energia Sutil:

A água é um elemento poderoso de purificação e condução de energias. Quando combinada com ervas, flores e outros elementos da natureza, sua capacidade de limpeza e harmonização energética é amplificada. Os banhos energéticos atuam sobre nossa aura, removendo energias negativas, equilibrando os chakras e fortalecendo nosso campo energético.

Ervas e Flores para Proteção e Purificação:

Diversas ervas e flores possuem propriedades purificadoras e protetoras, sendo utilizadas há milênios em banhos energéticos. Algumas das mais populares incluem:

- **Arruda:** Conhecida por sua forte energia de proteção, a arruda afasta o mau-olhado, a inveja e as energias negativas.
- **Alecrim:** Com sua energia vibrante e purificadora, o alecrim fortalece a aura, promove a clareza mental e atrai prosperidade.

- **Sálvia Branca:** Considerada sagrada em diversas culturas, a sálvia branca purifica o ambiente, afasta energias negativas e promove a harmonização energética.
- **Lavanda:** Com seu aroma relaxante e calmante, a lavanda promove a paz interior, afasta energias negativas e auxilia na harmonização do sono.
- **Camomila:** Com suas propriedades calmantes e purificadoras, a camomila acalma a mente, reduz o estresse e promove o bem-estar emocional.
- **Rosa Branca:** Com sua energia suave e purificadora, a rosa branca promove a paz interior, o amor próprio e a harmonia nos relacionamentos.
- **Manjericão:** Com sua energia vibrante e protetora, o manjericão afasta energias negativas, atrai prosperidade e promove a alegria.
- **Preparando seu Banho Energético:**
1. **Escolha as Ervas:** Selecione as ervas e flores que ressoam com seus objetivos de limpeza e proteção.
2. **Ferva a Água:** Ferva água em uma panela e adicione as ervas e flores escolhidas.
3. **Infusão:** Deixe as ervas em infusão por alguns minutos, cobertas, para que liberem suas propriedades energéticas na água.
4. **Coe o Chá:** Coe o chá e descarte as ervas.
5. **Banho Normal:** Tome um banho normal com água morna e sabonete.
6. **Banho Energético:** Despeje o chá das ervas sobre seu corpo, do pescoço para baixo, mentalizando a limpeza e purificação da sua aura.
7. **Intenção:** Enquanto despeja o chá, mentalize suas intenções de limpeza, proteção e harmonização energética.
8. **Secagem:** Deixe seu corpo secar naturalmente ou seque-se levemente com uma toalha, sem esfregar.

Dicas para um Banho Energético Eficaz:
- **Intenção:** Defina suas intenções de limpeza, proteção e harmonização antes de iniciar o banho.

- **Visualização:** Visualize as energias negativas sendo removidas do seu corpo enquanto despeja o chá.
- **Gratidão:** Agradeça à natureza pela força e energia das ervas e flores.
- **Frequência:** Tome banhos energéticos regularmente, pelo menos uma vez por semana, para manter sua aura limpa e protegida.
- **Horário:** Os banhos energéticos podem ser tomados a qualquer hora do dia, mas o final da tarde ou início da noite são horários propícios para relaxamento e purificação.

Exercícios Práticos:

1. **Banho de Arruda:** Prepare um banho com arruda para afastar energias negativas e proteger sua aura.
2. **Banho de Alecrim:** Prepare um banho com alecrim para fortalecer sua aura, promover clareza mental e atrair prosperidade.
3. **Banho de Sálvia Branca:** Prepare um banho com sálvia branca para purificar sua aura e harmonizar suas energias.
4. **Banho de Lavanda:** Prepare um banho com lavanda para relaxar, acalmar a mente e promover um sono tranquilo.

Os banhos energéticos são uma ferramenta poderosa para a limpeza, purificação e proteção espiritual. Ao utilizar a força da natureza com sabedoria e intenção, você revitaliza seu corpo energético, fortalece sua aura e constrói uma vida mais harmoniosa e equilibrada.

Capítulo 16
Defumação para Limpeza Energética de Ambientes

A defumação é uma prática ancestral utilizada em diversas culturas ao redor do mundo para purificação energética de ambientes. Através da queima de ervas, resinas e madeiras sagradas, a defumação libera fumaça aromática que carrega propriedades purificadoras, afastando energias negativas, harmonizando o ambiente e atraindo vibrações positivas.

Imagine um vento suave que sopra, levando consigo as impurezas e renovando o ar. A defumação é como esse vento, limpando o ambiente das energias densas e estagnadas, criando um espaço mais leve, harmonioso e propício ao bem-estar.

Defumação e a Energia Sutil:

A fumaça da defumação atua sobre a energia sutil do ambiente, transmutando vibrações negativas em positivas e elevando a frequência vibratória do local. As ervas, resinas e madeiras utilizadas na defumação possuem propriedades específicas que interagem com o campo energético do ambiente, promovendo a limpeza, a proteção e a harmonização.

Ervas, Resinas e Madeiras para Defumação:

Diversas ervas, resinas e madeiras são utilizadas na defumação, cada uma com suas propriedades e benefícios específicos:

- **Sálvia Branca:** Considerada sagrada em diversas culturas, a sálvia branca purifica o ambiente, afasta energias negativas, protege contra o mau-olhado e promove a harmonização energética.
- Sálvia Branca being burned for defumação

- **Palo Santo:** Com sua energia purificadora e elevada, o palo santo afasta energias negativas, atrai boas vibrações, promove a paz interior e eleva a espiritualidade.
- **Arruda:** Conhecida por sua forte energia de proteção, a arruda afasta o mau-olhado, a inveja e as energias negativas, criando um escudo protetor no ambiente.
- **Alecrim:** Com sua energia vibrante e purificadora, o alecrim fortalece a aura do ambiente, promove a clareza mental, atrai prosperidade e afasta energias estagnadas.
- **Lavanda:** Com seu aroma relaxante e calmante, a lavanda promove a paz interior, afasta energias negativas, harmoniza o ambiente e auxilia na harmonização do sono.
- **Mirra:** Utilizada desde a antiguidade em rituais de purificação e proteção, a mirra afasta energias negativas, eleva a vibração espiritual do ambiente e promove a conexão com o divino.
- **Olíbano:** Conhecido como o "rei dos incensos", o olíbano purifica o ambiente, eleva a vibração espiritual, atrai energias positivas e cria uma atmosfera sagrada.

Como Realizar a Defumação:

1. **Preparo do Ambiente:** Abra as janelas e portas para que as energias negativas possam sair do ambiente.
2. **Escolha da Erva:** Selecione a erva, resina ou madeira que ressoa com seus objetivos de purificação e proteção.
3. **Recipiente:** Utilize um recipiente resistente ao calor, como um incensário ou uma concha, para queimar a erva.
4. **Acender a Erva:** Acenda a ponta da erva com um fósforo ou isqueiro e deixe queimar por alguns segundos.
5. **Apagar a Chama:** Apague a chama, deixando a erva liberar a fumaça aromática.
6. **Defumar o Ambiente:** Percorra o ambiente com o recipiente, levando a fumaça para todos os cantos, mentalizando a purificação e harmonização do local.
7. **Intenção:** Enquanto defuma o ambiente, mentalize suas intenções de limpeza, proteção e harmonização energética.

8. **Finalização:** Deixe a erva queimar completamente no recipiente ou apague-a em um prato com areia.

Dicas para uma Defumação Eficaz:
- **Intenção:** Defina suas intenções de limpeza, proteção e harmonização antes de iniciar a defumação.
- **Ventilação:** Mantenha o ambiente ventilado durante e após a defumação.
- **Segurança:** Tenha cuidado ao manusear o fogo e a fumaça. Utilize um recipiente resistente ao calor e mantenha-o longe de materiais inflamáveis.
- **Frequência:** Realize a defumação regularmente, pelo menos uma vez por semana, para manter o ambiente limpo e protegido.
- **Horário:** A defumação pode ser realizada a qualquer hora do dia, mas o início da manhã ou o final da tarde são horários propícios para purificação e harmonização.

Exercícios Práticos:
1. **Defumação com Sálvia Branca:** Purifique sua casa com sálvia branca, afastando energias negativas e promovendo a harmonização energética.
2. **Defumação com Palo Santo:** Eleve a vibração do seu ambiente com palo santo, atraindo boas vibrações e promovendo a paz interior.
3. **Defumação com Arruda:** Crie um escudo protetor em sua casa com arruda, afastando o mau-olhado e as energias negativas.

A defumação é uma prática ancestral que promove a limpeza, a purificação e a proteção energética de ambientes. Ao utilizar a força da natureza com sabedoria e intenção, você harmoniza seu lar, afasta energias negativas e cria um espaço mais propício ao bem-estar e à espiritualidade.

Capítulo 17
Amuletos e Talismãs de Proteção - Como Usar

Amuletos e talismãs são objetos carregados de simbolismo e poder, utilizados desde a antiguidade para atrair energias benéficas, afastar o mal e proteger seus portadores. Acredita-se que esses objetos atuam como canais de energia sutil, conectando-nos com forças espirituais e amplificando nossas intenções.

Imagine um amuleto como uma antena que capta e transmite energias positivas, criando um escudo protetor ao seu redor. Ou um talismã como um ímã que atrai sorte, prosperidade e abundância para sua vida.

Amuletos vs. Talismãs:

Embora muitas vezes sejam usados como sinônimos, amuletos e talismãs possuem algumas diferenças:

- **Amuletos:** Geralmente são objetos que afastam o mal, protegem contra energias negativas e evitam que coisas ruins aconteçam. Podem ser encontrados na natureza, como pedras, conchas e plantas, ou serem criados pelo homem, como pingentes, pulseiras e imagens.
- **Talismãs:** Geralmente são objetos que atraem coisas boas, como sorte, prosperidade, amor e saúde. São criados com um propósito específico e carregados com a intenção de manifestar o desejo do seu portador.

Simbologia e Poder dos Amuletos e Talismãs:

O poder dos amuletos e talismãs reside em sua simbologia e na energia que lhes é atribuída. Símbolos ancestrais, como o Olho de Hórus, a Cruz Ansata, o Pentagrama e a Mão de Fátima, carregam consigo uma carga energética e um significado profundo, que se conectam com forças espirituais e arquétipos universais.

Alguns Amuletos e Talismãs Populares:

- **Olho de Hórus:** Símbolo egípcio de proteção, cura e poder, que afasta o mau-olhado e atrai energias positivas.
- **Cruz Ansata:** Símbolo egípcio da vida eterna, que representa a união do masculino e do feminino, a fertilidade e a imortalidade.
- **Pentagrama:** Estrela de cinco pontas que representa os cinco elementos (terra, água, fogo, ar e espírito), utilizada para proteção e invocação de energias positivas.
- **Mão de Fátima:** Amuleto de origem árabe que representa a proteção divina, afastando o mau-olhado e atraindo sorte e prosperidade.
- **Trevo de Quatro Folhas:** Símbolo de sorte e prosperidade, que atrai boas energias e afasta a negatividade.
- **Ferradura:** Símbolo de sorte e proteção, que afasta o mau-olhado e atrai prosperidade.

Como Escolher e Usar Amuletos e Talismãs:

- **Intuição:** Siga sua intuição ao escolher um amuleto ou talismã. Escolha aquele que te chama atenção, que ressoa com você e com seus objetivos de proteção.
- **Material:** Escolha amuletos e talismãs feitos de materiais naturais, como madeira, pedra ou metal.
- **Limpeza e Energização:** Antes de usar seu amuleto ou talismã, limpe-o energeticamente com água corrente, sal grosso ou defumação. Em seguida, energize-o com a luz do sol, da lua ou com sua própria energia, mentalizando suas intenções.
- **Uso:** Use seu amuleto ou talismã como um pingente, pulseira, chaveiro ou em qualquer outro lugar que te faça sentir protegido e conectado com sua energia.
- **Intenção:** Ao usar seu amuleto ou talismã, mentalize suas intenções de proteção, sorte ou qualquer outro benefício que você deseja atrair.

- **Cuidado:** Guarde seu amuleto ou talismã em um local seguro e limpo, longe de energias negativas.

Criando seus Próprios Amuletos e Talismãs:

Você também pode criar seus próprios amuletos e talismãs, personalizando-os com símbolos, cores e materiais que ressoem com você. Utilize sua criatividade e intenção para criar objetos carregados de poder e significado.

Exercícios Práticos:

1. **Escolha um Amuleto ou Talismã:** Visite uma loja esotérica ou pesquise online por amuletos e talismãs que te chamem atenção.
2. **Limpeza e Energização:** Limpe e energize seu amuleto ou talismã antes de usá-lo.
3. **Crie seu Amuleto:** Utilize materiais naturais, como pedras, conchas ou madeira, para criar seu próprio amuleto de proteção.

Amuletos e talismãs são ferramentas poderosas para a proteção espiritual e a atração de energias positivas. Ao utilizá-los com sabedoria, intenção e respeito, você fortalece sua conexão com o universo e cria uma vida mais protegida, harmoniosa e abundante.

Capítulo 18
Simbologia Sagrada para Proteção

Símbolos são representações gráficas que carregam significados profundos e se conectam com energias sutis do universo. Utilizados desde a antiguidade em diferentes culturas e tradições espirituais, os símbolos sagrados atuam como chaves que abrem portais para dimensões superiores, invocando a proteção de forças divinas e arquétipos universais.

Imagine um símbolo como um portal que conecta o mundo material ao espiritual, um canal que permite a comunicação com energias sutis e a manifestação de nossos desejos.

Simbologia e Energia Sutil:
Cada símbolo possui uma vibração energética única, que ressoa com diferentes aspectos da nossa consciência e do universo. Ao utilizarmos símbolos sagrados para proteção, estamos nos conectando com a energia arquetípica que eles representam, criando um escudo energético ao nosso redor e invocando a proteção das forças divinas.

Símbolos Sagrados para Proteção:
Diversos símbolos são utilizados em diferentes culturas e tradições espirituais para proteção, cada um com seus significados e propriedades específicas:

- **Olho de Hórus:** Símbolo egípcio de proteção, cura e poder, que afasta o mau-olhado e atrai energias positivas. Representa a onisciência e a proteção divina.
- **Cruz Ansata (Ankh):** Símbolo egípcio da vida eterna, que representa a união do masculino e do feminino, a fertilidade e a imortalidade. Também simboliza a proteção

contra as forças negativas e a passagem segura para o mundo espiritual.
- **Pentagrama:** Estrela de cinco pontas que representa os cinco elementos (terra, água, fogo, ar e espírito), utilizada para proteção, invocação de energias positivas e conexão com o divino. Quando apontada para cima, simboliza a proteção e a elevação espiritual.
- **Hexagrama (Estrela de Davi):** Estrela de seis pontas que representa a união dos opostos, o equilíbrio entre o céu e a terra, a harmonia e a proteção divina. É um símbolo poderoso de proteção contra energias negativas.
- **Mão de Fátima (Hamsa):** Amuleto de origem árabe que representa a proteção divina, afastando o mau-olhado e atraindo sorte e prosperidade. Simboliza a mão de Deus que protege e guia.
- **Cruz:** Símbolo cristão que representa a fé, a esperança e o amor. Também simboliza a proteção divina e a vitória sobre o mal.
- **OM:** Símbolo sagrado hindu que representa o som primordial do universo, a fonte de toda a criação. É utilizado para proteção, purificação e conexão com o divino.
- **Yin Yang:** Símbolo taoista que representa a dualidade e a interdependência entre as forças opostas do universo. Simboliza o equilíbrio, a harmonia e a proteção contra as energias desequilibradas.

Como Utilizar Símbolos Sagrados para Proteção:
- **Visualização:** Visualize o símbolo sagrado ao seu redor, criando um escudo de luz que o protege de energias negativas.
- **Meditação:** Medite sobre o significado do símbolo, conectando-se com sua energia arquetípica e invocando sua proteção.
- **Desenho:** Desenhe o símbolo em um papel, mentalizando suas intenções de proteção, e carregue-o consigo como um amuleto.

- **Tatuagem:** Tatue o símbolo em seu corpo, como uma forma permanente de proteção e conexão com sua energia.
- **Decoração:** Utilize o símbolo na decoração de sua casa, criando um ambiente protegido e harmonioso.
- **Joias:** Use joias com o símbolo sagrado, como pingentes, anéis ou pulseiras, para atrair sua proteção e energia.

Exercícios Práticos:
1. **Escolha um Símbolo:** Pesquise sobre os diferentes símbolos sagrados e escolha aquele que ressoa com você e com seus objetivos de proteção.
2. **Meditação com Símbolo:** Sente-se confortavelmente, feche os olhos e visualize o símbolo sagrado em sua mente. Concentre-se em sua forma, cor e energia. Sinta a proteção que ele emana.
3. **Desenho do Símbolo:** Desenhe o símbolo em um papel, mentalizando suas intenções de proteção. Carregue o desenho com você como um amuleto.

Os símbolos sagrados são ferramentas poderosas para a proteção espiritual. Ao utilizá-los com sabedoria, intenção e respeito, você se conecta com energias arquetípicas e invoca a proteção das forças divinas para sua vida.

Capítulo 19
Mantras de Proteção

Nos capítulos anteriores, exploramos diferentes ferramentas para a proteção espiritual, como a simbologia sagrada e os amuletos. Agora, vamos mergulhar no poder dos mantras e descobrir como a vibração sonora pode ser utilizada para criar um escudo energético, purificar a aura e conectar-se com forças divinas.

Mantras são palavras ou frases sagradas, geralmente em sânscrito, que carregam vibrações energéticas específicas. Repetidos com intenção e concentração, os mantras atuam sobre nossa mente, corpo e espírito, promovendo a harmonização, a cura e a proteção.

Imagine o som como uma onda que se propaga pelo ar, carregando consigo vibrações que podem influenciar nosso estado de espírito e energia. Os mantras são como ondas sonoras que ressoam em nosso ser, despertando a consciência, elevando a vibração e conectando-nos com o divino.

Mantras e a Energia Sutil:

A vibração sonora dos mantras interage com a energia sutil que permeia o universo, criando campos de força que podem influenciar nossa realidade. Ao entoarmos mantras de proteção, estamos invocando a proteção de forças divinas, purificando nossa aura e criando um escudo energético ao nosso redor.

Mantras de Proteção:

Diversos mantras são utilizados em diferentes tradições espirituais para proteção, cada um com suas vibrações e benefícios específicos:

- **OM GAM GANAPATAYE NAMAHA:** Mantra dedicado a Ganesha, o removedor de obstáculos, que invoca sua proteção e auxílio para superar desafios e afastar energias negativas.
- **OM NAMAH SHIVAYA:** Mantra dedicado a Shiva, o deus da transformação, que invoca sua proteção e auxílio para transmutar energias negativas e promover a cura.
- **OM DUM DURGAYEI NAMAHA:** Mantra dedicado a Durga, a deusa guerreira, que invoca sua força e proteção para enfrentar desafios e afastar o mal.
- **OM HANUMATE NAMAHA:** Mantra dedicado a Hanuman, o deus macaco, que invoca sua força, coragem e proteção para superar obstáculos e afastar o medo.
- **OM SHANTI SHANTI SHANTI:** Mantra que invoca a paz interior, a harmonia e a proteção contra energias negativas.
- **GATE GATE PARAGATE PARASAMGATE BODHI SVAHA:** Mantra budista que invoca a proteção e a liberação do sofrimento.
- **OM AH HUM:** Mantra tibetano que purifica a mente, o corpo e o ambiente, afastando energias negativas e atraindo proteção.

Como Utilizar Mantras de Proteção:
- **Repetição:** Repita o mantra em voz alta ou mentalmente, com concentração e intenção.
- **Meditação:** Utilize o mantra como foco durante a meditação, permitindo que sua vibração penetre em seu ser.
- **Canto:** Cante o mantra em grupo, amplificando sua energia e criando um campo de proteção coletiva.
- **Escrita:** Escreva o mantra em um papel e carregue-o consigo como um amuleto de proteção.
- **Música:** Ouça músicas que incorporam mantras de proteção, permitindo que a vibração sonora harmonize seu ambiente.

Dicas para a Prática de Mantras:

- **Pronúncia:** Procure aprender a pronúncia correta do mantra, para que sua vibração seja mais eficaz.
- **Concentração:** Concentre-se no significado do mantra e na energia que ele invoca.
- **Intenção:** Defina suas intenções de proteção e purificação ao entoar o mantra.
- **Regularidade:** Pratique o mantra regularmente para fortalecer sua conexão com sua energia protetora.

Exercícios Práticos:
1. **Escolha um Mantra:** Pesquise sobre os diferentes mantras de proteção e escolha aquele que ressoa com você e com suas necessidades.
2. **Repetição do Mantra:** Repita o mantra escolhido em voz alta ou mentalmente por 108 vezes, contando com um japamala (colar de contas) se desejar.
3. **Meditação com Mantra:** Sente-se confortavelmente, feche os olhos e repita o mantra mentalmente, concentrando-se em sua vibração e significado.

Os mantras são ferramentas poderosas para a proteção espiritual e a conexão com o divino. Ao utilizá-los com sabedoria, intenção e respeito, você cria um escudo energético ao seu redor, purifica sua aura e atrai a proteção das forças divinas para sua vida.

Capítulo 20
Proteção Espiritual Durante o Sono

Enquanto dormimos, nosso corpo físico descansa, mas nossa alma se liberta e viaja por diferentes dimensões astrais. Durante esse processo, podemos nos conectar com energias sutis, receber mensagens do mundo espiritual e processar emoções e experiências do dia a dia. No entanto, também podemos ficar mais suscetíveis a influências negativas e ataques espirituais.

Imagine o sono como uma jornada da alma para outros reinos, onde podemos encontrar guias espirituais, ancestrais e outras entidades. Assim como em qualquer jornada, é importante estarmos protegidos e preparados para os desafios que podemos encontrar.

Vulnerabilidade Durante o Sono:

Durante o sono, nosso corpo energético se torna mais permeável a energias externas, sejam elas positivas ou negativas. Isso ocorre porque nossa consciência se encontra em estado alterado, com as defesas mentais e emocionais mais relaxadas. Essa vulnerabilidade pode nos tornar alvos de ataques espirituais, como pesadelos, sonhos perturbadores, paralisia do sono e até mesmo obsessão espiritual.

Sinais de Ataques Espirituais Durante o Sono:

- **Pesadelos recorrentes:** Sonhos assustadores e perturbadores que se repetem com frequência, causando medo e ansiedade.
- **Sonhos vívidos e negativos:** Sonhos com imagens e situações negativas, que deixam a pessoa com sensação de angústia e mal-estar ao acordar.

- **Paralisia do sono:** Sensação de estar acordado, mas sem conseguir se mexer ou falar, muitas vezes acompanhada de alucinações e sensação de opressão no peito.
- **Acordar cansado e sem energia:** Mesmo após uma noite de sono aparentemente tranquila, a pessoa acorda se sentindo cansada, desanimada e sem energia.
- **Insônia e dificuldade para dormir:** Dificuldade para iniciar o sono, acordar várias vezes durante a noite ou ter um sono superficial e agitado.

Técnicas de Proteção Espiritual Durante o Sono:

- **Oração e Meditação:** Antes de dormir, faça uma oração ou meditação, pedindo proteção aos seus guias espirituais e anjos da guarda. Visualize-se envolto em uma luz protetora que o acompanha durante o sono.
- **Defumação:** Defume o quarto com ervas de proteção, como sálvia branca, arruda ou lavanda, para purificar o ambiente e afastar energias negativas.
- **Cristais:** Coloque cristais de proteção, como turmalina negra, ametista ou quartzo rosa, próximo à cama ou embaixo do travesseiro.
- **Amuletos e Talismãs:** Utilize amuletos ou talismãs de proteção, como a Mão de Fátima ou o Olho de Hórus, próximo à cama ou embaixo do travesseiro.
- **Afirmações Positivas:** Repita afirmações positivas de proteção antes de dormir, como "Estou protegido por uma luz divina durante o meu sono" ou "Meu sono é tranquilo e reparador, livre de qualquer influência negativa".
- **Visualização:** Antes de dormir, visualize um escudo de luz ao seu redor, protegendo-o de qualquer energia negativa. Imagine que seu quarto está envolto em uma luz branca e purificadora.
- **Higiene do Sono:** Mantenha uma rotina regular de sono, com horários regulares para dormir e acordar. Evite o uso de eletrônicos antes de dormir e crie um ambiente relaxante e propício ao descanso.

Exercícios Práticos:

1. **Oração de Proteção:** Antes de dormir, faça uma oração pedindo proteção aos seus guias espirituais e anjos da guarda.
2. **Defumação do Quarto:** Defume seu quarto com sálvia branca ou lavanda para purificar o ambiente e afastar energias negativas.
3. **Cristal de Proteção:** Coloque um cristal de turmalina negra ou ametista embaixo do seu travesseiro.

A proteção espiritual durante o sono é fundamental para garantir um descanso tranquilo e reparador, livre de influências negativas. Ao utilizar as ferramentas e técnicas apresentadas neste capítulo, você cria um ambiente seguro e protegido para sua alma viajar pelos reinos espirituais durante o sono.

Capítulo 21
Protegendo seus Animais de Estimação

Animais de estimação são mais do que apenas companheiros; eles são membros da família, fontes de amor incondicional e alegria em nossas vidas. Assim como nós, eles possuem um corpo energético (aura) que pode ser afetado por energias negativas do ambiente e de outras pessoas.

Imagine seu animal de estimação como uma criança que precisa de cuidado e proteção. Eles confiam em nós para seu bem-estar físico e emocional, e isso inclui protegê-los de influências energéticas negativas que podem afetar sua saúde e comportamento.

Como os Animais São Afetados por Energias Negativas:

Animais são seres extremamente sensíveis e intuitivos, capazes de perceber energias sutis que muitas vezes passam despercebidas por nós. Eles podem absorver energias negativas do ambiente, de pessoas e até mesmo de outros animais, o que pode resultar em:

- **Mudanças de comportamento:** Seu animal pode ficar mais agitado, ansioso, medroso ou agressivo sem motivo aparente.
- **Problemas de saúde:** Doenças recorrentes, alergias, problemas digestivos ou comportamentos compulsivos podem ser sinais de desequilíbrio energético.
- **Apatia e desânimo:** Seu animal pode perder o interesse em brincar, interagir ou se alimentar, demonstrando apatia e desânimo.

- **Medo de lugares ou pessoas:** Seu animal pode demonstrar medo ou evitar certos lugares ou pessoas, indicando a presença de energias negativas.

Técnicas para Proteger seus Animais de Estimação:
- **Limpeza Energética:** Realize limpezas energéticas regulares em seu animal, utilizando técnicas como Reiki, passes energéticos ou banhos com ervas de proteção (sempre com cuidado e atenção às ervas que são seguras para animais).
- **Cristais:** Utilize cristais de proteção, como quartzo rosa, ametista ou turmalina negra, próximos ao local onde seu animal dorme ou descansa.
- **Amuletos:** Coloque um amuleto de proteção, como a Mão de Fátima ou o Olho de Hórus, na coleira do seu animal ou próximo ao seu local de descanso.
- **Visualização:** Visualize seu animal envolto em uma luz branca e protetora, imaginando que essa luz o blinda de qualquer energia negativa.
- **Afirmações Positivas:** Repita afirmações positivas de proteção para seu animal, como "Meu animal de estimação está protegido por uma luz divina" ou "Meu animal de estimação é saudável, feliz e livre de qualquer influência negativa".
- **Harmonização do Ambiente:** Mantenha um ambiente harmonioso e positivo em sua casa, utilizando técnicas como defumação, música relaxante e aromaterapia com óleos essenciais seguros para animais.
- **Intuição:** Confie em sua intuição e observe o comportamento do seu animal. Se você perceber algo diferente ou estranho, investigue a possibilidade de influências energéticas negativas.

Cuidando da Energia do seu Animal:
- **Amor e Carinho:** O amor e o carinho são as melhores formas de proteger e harmonizar a energia do seu animal. Dedique tempo para brincar, acariciar e demonstrar afeto ao seu companheiro.

- **Alimentação Saudável:** Ofereça uma alimentação saudável e balanceada ao seu animal, contribuindo para sua saúde física e energética.
- **Contato com a Natureza:** Proporcione ao seu animal contato com a natureza, como passeios em parques ou jardins, para que ele possa se conectar com a energia vital da terra.
- **Veterinário:** Mantenha as consultas veterinárias em dia para garantir a saúde física do seu animal e descartar qualquer problema de saúde que possa estar afetando seu comportamento.

Exercícios Práticos:

1. **Visualização:** Sente-se próximo ao seu animal de estimação, feche os olhos e visualize-o envolto em uma luz branca e protetora. Imagine essa luz afastando qualquer energia negativa e trazendo paz e harmonia para seu companheiro.
2. **Reiki para Animais:** Se você é reikiano, aplique Reiki em seu animal de estimação, mentalizando a harmonização de suas energias e a proteção contra influências negativas.
3. **Cristais:** Coloque um cristal de quartzo rosa ou ametista próximo ao local onde seu animal dorme ou descansa.

Seus animais de estimação são seres sensíveis que precisam de cuidado e proteção, inclusive no nível energético. Ao utilizar as ferramentas e técnicas apresentadas neste capítulo, você contribui para o bem-estar físico, emocional e espiritual do seu amado companheiro, criando um ambiente de amor, harmonia e proteção para que ele possa desfrutar de uma vida plena e feliz.

Capítulo 22
Proteção no Ambiente de Trabalho

O ambiente de trabalho é um espaço dinâmico, com diferentes pessoas, energias e interesses em jogo. Podemos encontrar colegas de trabalho com vibrações positivas e colaborativas, mas também podemos nos deparar com pessoas negativas, competitivas ou invejosas, que podem drenar nossa energia e afetar nosso bem-estar.

Imagine o ambiente de trabalho como um campo energético onde diferentes vibrações se entrelaçam. É fundamental criarmos um escudo protetor ao nosso redor para mantermos nossa energia equilibrada, nossa mente focada e nosso espírito protegido.

Desafios Energéticos no Ambiente de Trabalho:
- **Pessoas negativas:** Colegas de trabalho que emanam energias negativas, como pessimismo, fofoca, raiva ou inveja, podem contaminar o ambiente e afetar nossa vibração.
- **Competição e inveja:** Ambientes competitivos podem gerar disputas de poder, inveja e ataques energéticos, principalmente quando existe a busca por reconhecimento ou promoção.
- **Estresse e pressão:** O excesso de trabalho, prazos apertados e cobranças podem gerar estresse, ansiedade e esgotamento energético, tornando-nos mais vulneráveis a influências negativas.
- **Espaços carregados:** Ambientes de trabalho com histórico de conflitos, demissões ou problemas podem

acumular energias negativas que afetam o bem-estar dos funcionários.
- **Influências externas:** Clientes, fornecedores ou outras pessoas que frequentam o ambiente de trabalho podem trazer consigo energias negativas que contaminam o local.

Técnicas de Proteção no Ambiente de Trabalho:
- **Limpeza Energética:** Realize limpezas energéticas regulares em sua mesa de trabalho, utilizando técnicas como defumação com ervas de proteção, spray de ambiente com óleos essenciais ou cristais purificadores.
- **Cristais:** Mantenha cristais de proteção, como turmalina negra, olho de tigre ou citrino, em sua mesa de trabalho para afastar energias negativas, atrair prosperidade e manter o foco.
- **Amuletos:** Utilize amuletos de proteção, como a Mão de Fátima ou um pingente com o símbolo do OM, para criar um escudo energético ao seu redor.
- **Visualização:** Antes de iniciar o trabalho, visualize-se envolto em uma luz branca e protetora, imaginando que essa luz o blinda de qualquer energia negativa presente no ambiente.
- **Afirmações Positivas:** Repita afirmações positivas de proteção e sucesso profissional, como "Estou protegido por uma luz divina em meu ambiente de trabalho" ou "Sou um profissional competente e bem-sucedido, atraindo prosperidade e reconhecimento".
- **Escudo Energético:** Crie um escudo energético ao seu redor, visualizando uma barreira de luz que o protege de influências negativas e mantém sua energia equilibrada.
- **Respiração Consciente:** Pratique a respiração consciente durante o trabalho, principalmente em momentos de estresse ou tensão, para acalmar a mente, renovar as energias e manter o foco.
- **Ervas de Proteção:** Mantenha um vaso com arruda ou alecrim em sua mesa de trabalho para purificar o ambiente e afastar energias negativas.

- **Boas Relações:** Cultive boas relações com seus colegas de trabalho, evitando fofocas, conflitos e competições desnecessárias. Procure manter um ambiente de trabalho harmonioso e colaborativo.

Exercícios Práticos:
1. **Limpeza da Mesa de Trabalho:** Antes de iniciar o trabalho, limpe sua mesa de trabalho com um pano úmido e algumas gotas de óleo essencial de lavanda ou alecrim.
2. **Cristal de Proteção:** Mantenha um cristal de turmalina negra ou olho de tigre em sua mesa de trabalho.
3. **Visualização:** Sente-se em sua mesa de trabalho, feche os olhos e visualize-se envolto em uma luz branca e protetora.

A proteção espiritual no ambiente de trabalho é fundamental para manter seu bem-estar físico, emocional e energético. Ao utilizar as ferramentas e técnicas apresentadas neste capítulo, você cria um ambiente de trabalho mais positivo, produtivo e harmonioso, protegendo-se de influências negativas e atraindo sucesso e prosperidade para sua carreira.

Capítulo 23
Proteção Energética em Viagens

Viajar é uma experiência enriquecedora, que nos permite conhecer novas culturas, paisagens e pessoas. No entanto, também nos coloca em contato com diferentes energias e vibrações, que podem afetar nosso campo energético e bem-estar.

Imagine a viagem como uma jornada para um território desconhecido, onde podemos encontrar maravilhas e desafios. Assim como um explorador se prepara para uma expedição, é fundamental fortalecermos nossa proteção energética para garantir uma viagem tranquila, segura e harmoniosa.

Desafios Energéticos em Viagens:

- **Mudança de ambiente:** Ao nos deslocarmos do nosso ambiente familiar, ficamos mais suscetíveis a energias desconhecidas e influências externas.
- **Contato com diferentes pessoas:** Em viagens, entramos em contato com pessoas de diferentes culturas, crenças e energias, o que pode gerar trocas energéticas intensas.
- **Locais carregados:** Hotéis, aeroportos, pontos turísticos e outros locais com grande fluxo de pessoas podem acumular energias densas e estagnadas.
- **Meios de transporte:** Aviões, trens, ônibus e outros meios de transporte podem ser ambientes carregados de energias devido à grande quantidade de pessoas e emoções presentes.
- **Desequilíbrios energéticos:** Cansaço, mudanças de fuso horário, alimentação diferente e rotina irregular podem afetar nosso equilíbrio energético e nos tornar mais vulneráveis a influências negativas.

Técnicas de Proteção Energética em Viagens:

- **Preparação energética:** Antes da viagem, dedique um tempo para fortalecer sua aura e elevar sua vibração através de meditação, banhos energéticos e afirmações positivas.
- **Cristais:** Leve consigo cristais de proteção, como turmalina negra, ametista ou quartzo rosa, para criar um escudo energético ao seu redor.
- **Amuletos:** Utilize amuletos de proteção, como a Mão de Fátima ou um pingente com o símbolo do OM, para afastar energias negativas e atrair proteção durante a viagem.
- **Visualização:** Visualize-se envolto em uma luz branca e protetora durante toda a viagem, imaginando que essa luz o blinda de qualquer energia negativa.
- **Afirmações Positivas:** Repita afirmações positivas de proteção e boa viagem, como "Estou protegido por uma luz divina durante minha viagem" ou "Minha viagem é tranquila, segura e harmoniosa".
- **Defumação:** Ao chegar ao seu destino, defume o ambiente com ervas de proteção, como sálvia branca ou palo santo, para purificar o local e afastar energias negativas.
- **Intuição:** Confie em sua intuição e evite locais ou situações que te causem desconforto ou sensação de insegurança.
- **Respeito à cultura local:** Informe-se sobre os costumes e crenças do local que você está visitando e demonstre respeito à cultura local.
- **Adaptação:** Adapte-se à nova rotina, alimentação e fuso horário para manter seu equilíbrio energético e bem-estar.
- **Conexão com a natureza:** Procure se conectar com a natureza durante a viagem, seja caminhando em um parque, contemplando o mar ou fazendo trilhas em montanhas. A natureza é uma fonte de energia vital que recarrega e harmoniza nosso corpo energético.

Exercícios Práticos:
1. **Meditação antes da viagem:** Antes de iniciar sua viagem, faça uma meditação para fortalecer sua aura e elevar sua vibração.
2. **Cristal de proteção:** Leve consigo um cristal de turmalina negra ou ametista durante a viagem.
3. **Afirmações positivas:** Repita afirmações positivas de proteção e boa viagem durante seu trajeto.

A proteção energética em viagens é essencial para garantir uma experiência positiva, segura e harmoniosa. Ao utilizar as ferramentas e técnicas apresentadas neste capítulo, você fortalece sua aura, eleva sua vibração e se protege de influências negativas, permitindo que desfrute plenamente de sua jornada.

Capítulo 24
Protegendo sua Casa e Família

O lar é o nosso refúgio, o lugar onde nos sentimos seguros, amados e acolhidos. É o espaço onde recarregamos nossas energias, compartilhamos momentos especiais com nossos entes queridos e construímos memórias afetivas. Proteger a nossa casa e família no nível energético é fundamental para criar um ambiente de harmonia, paz e bem-estar, blindando-os de influências negativas e fortalecendo os laços familiares.

Imagine sua casa como um santuário, um espaço sagrado que emana amor, proteção e positividade. Ao cuidarmos da energia do nosso lar, estamos criando um ambiente propício para o crescimento, a cura e a prosperidade de todos que o habitam.

Desafios Energéticos no Lar:
- **Energias residuais:** Casas com histórico de conflitos, doenças ou eventos negativos podem acumular energias densas e estagnadas, afetando o bem-estar dos moradores.
- **Visitas indesejadas:** Pessoas que visitam nossa casa podem trazer consigo energias negativas, como inveja, raiva ou pensamentos maldosos, que contaminam o ambiente.
- **Objetos carregados:** Objetos antigos, herdados ou adquiridos em brechós podem carregar energias negativas de seus antigos donos ou do ambiente onde estavam.
- **Influências externas:** A energia do bairro, da vizinhança e até mesmo de eventos que acontecem na cidade podem afetar a energia do nosso lar.
- **Desequilíbrios familiares:** Conflitos, brigas, mágoas e ressentimentos entre os membros da família geram

energias negativas que contaminam o ambiente e afetam os relacionamentos.

Técnicas de Proteção para a Casa e Família:

- **Limpeza Energética:** Realize limpezas energéticas regulares em sua casa, utilizando técnicas como defumação com ervas de proteção, spray de ambiente com óleos essenciais ou cristais purificadores.
- **Feng Shui:** Aplique os princípios do Feng Shui para harmonizar o fluxo de energia em sua casa, organizando os móveis, cores e objetos de forma a criar um ambiente equilibrado e próspero.
- **Altar de Proteção:** Crie um altar de proteção em sua casa, dedicando-o à proteção da sua família e do seu lar. Inclua no altar imagens de santos, anjos, símbolos sagrados e elementos da natureza.
- **Cristais:** Posicione cristais de proteção, como turmalina negra, ametista, quartzo rosa ou selenita, em diferentes pontos da casa para criar um escudo energético e harmonizar o ambiente.
- **Amuletos:** Pendure amuletos de proteção, como a ferradura, o olho grego ou a Mão de Fátima, na porta de entrada ou em outros locais estratégicos da casa para afastar energias negativas.
- **Plantas:** Cultive plantas em sua casa, pois elas purificam o ar, trazem vitalidade e elevam a vibração do ambiente. Algumas plantas, como a arruda, o alecrim e a espada-de-são-jorge, são conhecidas por suas propriedades protetoras.
- **Oração e Meditação:** Realize orações e meditações em família, pedindo proteção e bênçãos para o lar. Visualize sua casa envolvida em uma luz branca e protetora, afastando qualquer energia negativa.
- **Afirmações Positivas:** Repita afirmações positivas de proteção para sua casa e família, como "Meu lar é um santuário de paz, amor e proteção" ou "Minha família é abençoada e protegida por Deus".

- **Harmonia Familiar:** Cultive a harmonia e o amor entre os membros da família, resolvendo conflitos de forma pacífica e construtiva. O amor e a união familiar criam um campo de proteção poderoso.
- **Gratidão:** Agradeça diariamente pelas bênçãos do seu lar e da sua família, cultivando um sentimento de gratidão e reconhecimento pela abundância em sua vida.

Exercícios Práticos:
1. **Defumação da casa:** Realize uma defumação em sua casa com sálvia branca ou palo santo, mentalizando a purificação do ambiente e a proteção da sua família.
2. **Cristais de proteção:** Posicione cristais de turmalina negra, ametista ou quartzo rosa nos quatro cantos da sua casa.
3. **Oração em família:** Reúna sua família para uma oração ou meditação, pedindo proteção e bênçãos para o lar.

Proteger sua casa e família no nível energético é um ato de amor e cuidado. Ao utilizar as ferramentas e técnicas apresentadas neste capítulo, você cria um ambiente de paz, harmonia e proteção, fortalecendo os laços familiares e atraindo bênçãos para sua vida.

Capítulo 25
Proteção contra Inveja e Olho Gordo

A inveja é um sentimento complexo que surge quando comparamos nossa vida com a de outra pessoa e desejamos aquilo que ela possui, seja bens materiais, sucesso, beleza ou felicidade. Quando esse sentimento se intensifica e é acompanhado de pensamentos negativos e maldosos, pode gerar uma energia densa que afeta a pessoa alvo da inveja, o que popularmente chamamos de "olho gordo".

Imagine a inveja como uma flecha envenenada que tenta atingir nosso campo energético, roubando nossa energia vital e causando desequilíbrios. O olho gordo, por sua vez, é como uma nuvem negra que paira sobre nós, bloqueando nossa luz e impedindo nosso progresso.

Efeitos da Inveja e do Olho Gordo:
A inveja e o olho gordo podem se manifestar de diversas formas, afetando nossa vida em diferentes níveis:

- **Físico:** Doenças, dores de cabeça, cansaço excessivo, insônia e problemas digestivos.
- **Emocional:** Ansiedade, depressão, insegurança, medo e irritabilidade.
- **Mental:** Dificuldade de concentração, pensamentos negativos, bloqueios criativos e falta de clareza mental.
- **Espiritual:** Sensação de peso, opressão no peito, pesadelos e dificuldade de conexão espiritual.
- **Material:** Perda de objetos, problemas financeiros, acidentes e dificuldades no trabalho.
- **Relacional:** Conflitos, desentendimentos e afastamento de pessoas queridas.

Técnicas de Proteção contra Inveja e Olho Gordo:
- **Fortalecimento da Aura:** Uma aura forte e equilibrada é a melhor proteção contra energias negativas. Pratique técnicas como meditação, respiração consciente e visualização para fortalecer seu campo energético.
- **Elevação da Vibração:** Cultive pensamentos e emoções positivas, como amor, gratidão e compaixão. A vibração elevada afasta energias negativas e atrai proteção.
- **Amuletos e Talismãs:** Utilize amuletos de proteção, como a Mão de Fátima, o Olho de Hórus, o Trevo de Quatro Folhas ou a Figa, para afastar o mau-olhado e atrair energias positivas.
- **Defumação:** Realize defumações com ervas de proteção, como arruda, alecrim, sálvia branca ou palo santo, para purificar o ambiente e afastar energias negativas.
- **Banhos Energéticos:** Tome banhos com ervas de proteção, como arruda, alecrim ou sálvia branca, para limpar e fortalecer sua aura.
- **Cristais:** Utilize cristais de proteção, como turmalina negra, olho de tigre, ônix ou quartzo rosa, para criar um escudo energético ao seu redor.
- **Oração e Meditação:** Ore e medite pedindo proteção divina contra a inveja e o olho gordo. Visualize-se envolto em uma luz branca e protetora, repelindo qualquer energia negativa.
- **Afirmações Positivas:** Repita afirmações positivas de proteção, como "Estou protegido da inveja e do olho gordo" ou "Minha luz interior brilha forte, afastando qualquer energia negativa".
- **Gratidão:** Cultive a gratidão pelas bênçãos em sua vida, reconhecendo a abundância que o cerca. A gratidão eleva sua vibração e afasta a inveja.
- **Humildade:** Evite ostentar bens materiais ou sucessos, mantendo uma postura humilde e discreta.

- **Discernimento:** Seja seletivo com as pessoas com quem você compartilha seus sonhos, planos e conquistas. Nem todos vibram na mesma frequência que você.
- **Compaixão:** Pratique a compaixão por aqueles que sentem inveja, enviando-lhes amor e luz. A compaixão transmuta energias negativas em positivas.

Exercícios Práticos:
1. **Banho de Arruda:** Prepare um banho com arruda para afastar a inveja e o olho gordo.
2. **Amuleto de Proteção:** Utilize um amuleto de proteção, como a Mão de Fátima ou o Olho de Hórus, para afastar energias negativas.
3. **Afirmações Positivas:** Repita afirmações positivas de proteção contra a inveja e o olho gordo.

A proteção contra a inveja e o olho gordo depende principalmente do fortalecimento da sua própria energia e da cultivação de pensamentos e emoções positivas. Ao utilizar as ferramentas e técnicas apresentadas neste capítulo, você cria um escudo energético poderoso, afastando energias negativas e atraindo proteção, harmonia e bem-estar para sua vida.

Capítulo 26
Energias Negativas em Relacionamentos

Relacionamentos são a base da nossa experiência humana, nos proporcionando amor, companheirismo, aprendizado e crescimento. No entanto, assim como em qualquer área da vida, os relacionamentos também podem ser palco de desafios energéticos, com a presença de energias negativas que podem afetar a harmonia, a saúde e o bem-estar dos envolvidos.

Imagine cada relacionamento como um jardim que precisa ser cultivado com cuidado e atenção. Assim como as plantas precisam de água, luz e nutrientes para florescer, os relacionamentos precisam de amor, respeito, compreensão e proteção para prosperar.

Fontes de Energias Negativas em Relacionamentos:
- **Desequilíbrios emocionais:** Medos, inseguranças, ciúmes, raiva e mágoas podem gerar energias negativas que contaminam o relacionamento.
- **Padrões de comportamento negativos:** Críticas excessivas, manipulação, controle, vícios e agressividade criam um ambiente tóxico e desequilibrado.
- **Energias externas:** Influências de outras pessoas, como familiares, amigos ou colegas de trabalho, podem interferir no relacionamento e trazer energias negativas.
- **Bagagem emocional:** Traumas, experiências negativas do passado e relacionamentos anteriores não resolvidos podem afetar a dinâmica do relacionamento atual.
- **Vampirismo energético:** Algumas pessoas podem, consciente ou inconscientemente, drenar a energia vital de

seus parceiros, deixando-os cansados, desanimados e esgotados.
- **Diferenças de vibração:** Pessoas com vibrações energéticas muito diferentes podem ter dificuldades de convivência, gerando conflitos e desarmonias.

Técnicas para Lidar com Energias Negativas em Relacionamentos:
- **Autoconhecimento:** Busque o autoconhecimento para identificar seus próprios padrões de comportamento, crenças limitantes e emoções negativas que podem estar afetando o relacionamento.
- **Comunicação:** Comunique-se de forma clara, honesta e respeitosa com seu parceiro, expressando seus sentimentos e necessidades. A comunicação aberta e sincera é fundamental para resolver conflitos e harmonizar o relacionamento.
- **Limites:** Estabeleça limites saudáveis no relacionamento, protegendo sua energia e bem-estar. Aprenda a dizer "não" quando necessário e a se afastar de situações ou conversas que te desgastam.
- **Perdão:** Pratique o perdão, tanto para si mesmo quanto para seu parceiro. O perdão libera mágoas, ressentimentos e energias negativas que impedem o relacionamento de prosperar.
- **Compaixão e Empatia:** Cultive a compaixão e a empatia, buscando compreender o ponto de vista do seu parceiro e se colocando em seu lugar. A compaixão e a empatia criam um ambiente de amor e aceitação.
- **Limpeza Energética:** Realize limpezas energéticas individuais e no ambiente onde vocês convivem, utilizando técnicas como defumação, cristais ou banhos energéticos.
- **Cordão de Prata:** Visualize um cordão de prata conectando você ao seu parceiro, imaginando que esse cordão é forte e flexível, permitindo a troca de amor e

afeto, mas ao mesmo tempo protegendo sua individualidade e energia.
- **Afirmações Positivas:** Repita afirmações positivas para fortalecer o relacionamento e afastar energias negativas, como "Meu relacionamento é harmonioso, amoroso e protegido" ou "Eu e meu parceiro nos amamos e nos respeitamos, criando um relacionamento saudável e feliz".
- **Espiritualidade:** Compartilhe práticas espirituais com seu parceiro, como meditação, orações ou estudo de livros edificantes. A espiritualidade fortalece a conexão e eleva a vibração do relacionamento.
- **Ajuda Profissional:** Se as dificuldades persistirem, busque ajuda profissional de um terapeuta ou conselheiro para auxiliá-los a resolver conflitos e harmonizar o relacionamento.

Exercícios Práticos:
1. **Diálogo:** Converse com seu parceiro sobre como vocês se sentem em relação à energia do relacionamento e o que podem fazer para melhorá-la.
2. **Limpeza Energética:** Realize uma defumação no ambiente onde vocês convivem, mentalizando a purificação do espaço e a harmonia no relacionamento.
3. **Afirmações Positivas:** Repitam juntos afirmações positivas para fortalecer o relacionamento e afastar energias negativas.

Lidar com energias negativas em relacionamentos requer autoconhecimento, comunicação, compreensão e cuidado mútuo. Ao utilizar as ferramentas e técnicas apresentadas neste capítulo, você e seu parceiro podem construir um relacionamento mais forte, saudável e harmonioso, livre de influências negativas e repleto de amor, respeito e felicidade.

Capítulo 27
Proteção Energética para Crianças

Crianças são seres puros, com uma sensibilidade aguçada e uma conexão natural com o mundo espiritual. Seus corpos energéticos ainda estão em desenvolvimento, tornando-as mais vulneráveis a influências externas e energias negativas. Como adultos, é nossa responsabilidade zelar pelo bem-estar físico, emocional e espiritual das crianças, criando um ambiente de proteção e harmonização para que elas possam crescer e se desenvolver com saúde e alegria.

Imagine as crianças como brotos delicados que precisam de cuidado e proteção para florescer. Ao criarmos um escudo energético ao redor delas, estamos contribuindo para que elas se desenvolvam com força, equilíbrio e positividade.

Vulnerabilidades Energéticas das Crianças:
- **Aura em desenvolvimento:** A aura das crianças ainda está em formação, tornando-as mais sensíveis a energias externas e influências negativas.
- **Absorção de energias:** Crianças absorvem as energias do ambiente e das pessoas ao seu redor com mais facilidade do que os adultos, o que pode afetar seu humor, comportamento e saúde.
- **Medos e inseguranças:** Medos, ansiedades e inseguranças podem afetar o campo energético das crianças, tornando-as mais vulneráveis a influências negativas.
- **Sonhos e pesadelos:** Crianças podem ter sonhos vívidos e pesadelos que refletem suas emoções e os desafios do seu

desenvolvimento. É importante ajudá-las a processar essas experiências e a se sentirem seguras durante o sono.

- **Influências externas:** Crianças podem ser afetadas por energias negativas de outras pessoas, como colegas de escola, familiares ou pessoas desconhecidas.

  Técnicas de Proteção Energética para Crianças:

- **Amor e afeto:** O amor e o afeto são as melhores formas de proteger e harmonizar a energia das crianças. Demonstre amor, carinho e atenção, criando um ambiente de segurança e confiança.
- **Harmonia no lar:** Mantenha um ambiente familiar harmonioso e positivo, evitando brigas, discussões e energias negativas. A harmonia no lar cria um campo de proteção para as crianças.
- **Limpeza energética do quarto:** Realize limpezas energéticas regulares no quarto das crianças, utilizando técnicas como defumação com ervas de proteção, spray de ambiente com óleos essenciais ou cristais purificadores.
- **Cristais:** Coloque cristais de proteção, como quartzo rosa, ametista ou turmalina negra, no quarto das crianças para criar um escudo energético e harmonizar o ambiente.
- **Amuletos:** Pendure amuletos de proteção, como a Mão de Fátima ou o Olho de Hórus, no quarto das crianças ou próximo à cama para afastar energias negativas.
- **Oração e meditação:** Ensine as crianças a rezar e meditar, criando um momento de conexão espiritual e proteção antes de dormir.
- **Visualização:** Incentive as crianças a visualizar uma luz branca e protetora ao seu redor, imaginando que essa luz as blinda de qualquer energia negativa.
- **Afirmações positivas:** Ensine as crianças a repetir afirmações positivas de proteção, como "Estou protegido por uma luz divina" ou "Sou forte, corajoso e feliz".
- **Contos e histórias:** Conte histórias que transmitam mensagens de proteção, coragem e superação, fortalecendo a autoconfiança e a positividade das crianças.

- **Brincadeiras e atividades lúdicas:** Utilize brincadeiras e atividades lúdicas para ensinar as crianças sobre proteção energética de forma leve e divertida.
- **Natureza:** Estimule o contato das crianças com a natureza, levando-as para brincar em parques, jardins ou praias. A natureza é uma fonte de energia vital que recarrega e harmoniza o corpo energético.
- **Intuição:** Observe o comportamento das crianças e confie em sua intuição. Se você perceber algo diferente ou estranho, investigue a possibilidade de influências energéticas negativas.

Exercícios Práticos:

1. **Defumação do quarto:** Realize uma defumação no quarto da criança com sálvia branca ou lavanda, mentalizando a purificação do ambiente e a proteção da criança.
2. **Cristal de proteção:** Coloque um cristal de quartzo rosa ou ametista no quarto da criança.
3. **Meditação guiada:** Faça uma meditação guiada com a criança, visualizando uma luz branca e protetora ao seu redor.

Proteger as crianças no nível energético é um ato de amor e responsabilidade. Ao utilizar as ferramentas e técnicas apresentadas neste capítulo, você contribui para o desenvolvimento saudável e harmonioso das crianças, criando um ambiente de proteção, amor e positividade para que elas possam florescer em todo o seu potencial.

Capítulo 28
Proteção Espiritual para Idosos

A velhice é um período de sabedoria, experiência e reflexão, mas também pode ser uma fase de fragilidade física e emocional. Com o avanço da idade, o corpo energético dos idosos tende a ficar mais sutil e vulnerável a influências externas, tornando-os mais suscetíveis a desequilíbrios energéticos e ataques espirituais.

Imagine os idosos como árvores antigas e sábias, com raízes profundas e galhos que se estendem em direção ao céu. Assim como as árvores precisam de cuidados para se manterem fortes e saudáveis, os idosos precisam de proteção espiritual para preservar sua vitalidade, paz interior e conexão com o divino.

Vulnerabilidades Energéticas dos Idosos:

- **Aura mais sutil:** Com o avanço da idade, a aura dos idosos tende a ficar mais sutil e permeável a energias externas, tornando-os mais sensíveis a influências negativas.
- **Doenças e fragilidade:** Doenças crônicas, limitações físicas e o processo natural de envelhecimento podem enfraquecer o corpo energético dos idosos, tornando-os mais vulneráveis a desequilíbrios.
- **Medos e inseguranças:** Medos relacionados à saúde, à solidão, à perda de independência e à morte podem afetar o campo energético dos idosos, gerando ansiedade e vulnerabilidade.
- **Isolamento social:** A perda de entes queridos, a diminuição do convívio social e a dificuldade de

locomoção podem levar ao isolamento social, o que aumenta a vulnerabilidade energética dos idosos.
- **Mudanças de ambiente:** Mudanças de residência, internações hospitalares ou a necessidade de viver em casas de repouso podem gerar desequilíbrios energéticos e afetar o bem-estar dos idosos.

Técnicas de Proteção Espiritual para Idosos:
- **Amor e respeito:** Demonstre amor, carinho, respeito e compreensão pelos idosos, criando um ambiente de apoio e afeto que fortalece sua energia vital.
- **Companhia e convívio social:** Estimule o convívio social dos idosos, promovendo atividades em grupo, visitas de familiares e amigos, e a participação em eventos sociais. O contato humano e a interação social fortalecem a energia vital e combatem a solidão.
- **Ambiente harmonioso:** Crie um ambiente harmonioso e tranquilo para os idosos, evitando barulhos excessivos, conflitos e energias negativas. A harmonia no ambiente contribui para a paz interior e o equilíbrio energético.
- **Limpeza energética:** Realize limpezas energéticas regulares no quarto ou no ambiente onde o idoso reside, utilizando técnicas como defumação com ervas de proteção, spray de ambiente com óleos essenciais ou cristais purificadores.
- **Cristais:** Coloque cristais de proteção, como quartzo rosa, ametista ou turmalina negra, no quarto do idoso ou próximo ao seu local de descanso para criar um escudo energético e harmonizar o ambiente.
- **Amuletos:** Presenteie o idoso com um amuleto de proteção, como a Mão de Fátima ou um pingente com o símbolo do OM, para que ele possa carregá-lo consigo e se sentir protegido.
- **Oração e meditação:** Incentive o idoso a rezar e meditar, criando um momento de conexão espiritual e proteção. Se necessário, auxilie-o na prática, lendo orações ou guiando-o em meditações.

- **Música e aromaterapia:** Utilize música relaxante e aromaterapia com óleos essenciais calmantes, como lavanda e camomila, para criar um ambiente tranquilo e harmonizar as energias do idoso.
- **Reiki e outras terapias:** Se possível, proporcione ao idoso sessões de Reiki ou outras terapias energéticas que promovem o equilíbrio, a cura e o bem-estar.
- **Contato com a natureza:** Estimule o contato do idoso com a natureza, levando-o para passear em parques, jardins ou praias, sempre respeitando suas limitações físicas. A natureza é uma fonte de energia vital que revitaliza e harmoniza.
- **Respeito às crenças e tradições:** Respeite as crenças, tradições e práticas espirituais do idoso, proporcionando-lhe um ambiente que o faça se sentir acolhido e conectado com sua fé.

Exercícios Práticos:
1. **Visita com amor:** Visite um idoso que você conhece, demonstrando carinho, atenção e respeito. Compartilhe histórias, ouça suas experiências e ofereça sua companhia.
2. **Presente de proteção:** Presenteie um idoso com um amuleto de proteção ou um cristal que traga paz e harmonia.
3. **Auxílio na meditação:** Ajude um idoso a praticar a meditação, lendo uma meditação guiada ou criando um ambiente tranquilo e relaxante para ele.

A proteção espiritual para idosos é um ato de amor, cuidado e respeito. Ao utilizar as ferramentas e técnicas apresentadas neste capítulo, você contribui para o bem-estar físico, emocional e espiritual dos idosos, proporcionando-lhes uma velhice mais saudável, harmoniosa e feliz.

Capítulo 29
Cuidando da Saúde Energética

Assim como cuidamos da nossa saúde física através de uma alimentação saudável, exercícios físicos e visitas regulares ao médico, também precisamos cuidar da nossa saúde energética para manter nosso corpo, mente e espírito em equilíbrio. A saúde energética está diretamente relacionada à vitalidade da nossa aura, ao fluxo harmonioso de energia em nossos chakras e à nossa capacidade de nos proteger de influências negativas.

Imagine a saúde energética como um rio que flui livremente, nutrindo e energizando todo o seu ser. Quando esse rio está bloqueado ou contaminado, nossa vitalidade diminui, ficamos mais suscetíveis a doenças e desequilíbrios, e nossa capacidade de proteção espiritual se enfraquece.

Fatores que Afetam a Saúde Energética:
- **Emoções:** Emoções negativas, como medo, raiva, tristeza e ansiedade, geram bloqueios energéticos e enfraquecem a aura.
- **Pensamentos:** Pensamentos negativos e autodestrutivos criam um campo de energia densa ao nosso redor, afetando nossa saúde energética.
- **Hábitos:** Hábitos nocivos, como alimentação inadequada, sedentarismo, noites mal dormidas e o uso excessivo de aparelhos eletrônicos, podem drenar nossa energia vital.
- **Ambiente:** Ambientes carregados de energias negativas, como locais com histórico de conflitos ou grande fluxo de pessoas, podem afetar nossa saúde energética.

- **Relacionamentos:** Relacionamentos tóxicos e desgastantes podem drenar nossa energia e causar desequilíbrios.
- **Influências espirituais:** Ataques espirituais, obsessão e influências de energias negativas podem comprometer nossa saúde energética.

Práticas para Cuidar da Saúde Energética:

- **Alimentação Consciente:** Priorize alimentos naturais, como frutas, verduras, legumes e grãos integrais, que nutrem o corpo físico e energético. Evite alimentos processados, industrializados e com aditivos químicos, que podem sobrecarregar o organismo e diminuir a vitalidade.
- **Exercícios Físicos:** Pratique exercícios físicos regularmente para fortalecer o corpo, liberar tensões e energizar a aura. Caminhadas ao ar livre, yoga, tai chi chuan e dança são excelentes opções para harmonizar as energias.
- **Sono Reparador:** Durma pelo menos 7 a 8 horas por noite para que seu corpo e mente possam se recuperar e recarregar as energias. Crie um ambiente relaxante para dormir, evitando o uso de eletrônicos antes de deitar.
- **Gerenciamento do Estresse:** Aprenda a gerenciar o estresse através de técnicas como meditação, respiração consciente, yoga ou outras práticas relaxantes. O estresse crônico drena a energia vital e afeta a saúde física e emocional.
- **Limpeza Energética:** Realize limpezas energéticas regulares, como banhos de ervas, defumação ou sessões de Reiki, para remover energias negativas e harmonizar seus chakras.
- **Meditação:** Pratique a meditação para acalmar a mente, equilibrar as emoções e se conectar com sua essência divina. A meditação fortalece a aura, eleva a vibração e promove a paz interior.

- **Contato com a Natureza:** Passe tempo em contato com a natureza, seja caminhando em um parque, contemplando o mar ou cuidando de plantas. A natureza é uma fonte de energia vital que recarrega e harmoniza nosso ser.
- **Relacionamentos Saudáveis:** Cultive relacionamentos saudáveis, baseados no respeito, na confiança e no amor. Afaste-se de pessoas tóxicas e relacionamentos que te desgastam.
- **Pensamentos Positivos:** Cultive pensamentos positivos e construtivos, evitando a negatividade e a autocrítica. Nossos pensamentos influenciam nossa realidade e nossa saúde energética.
- **Espiritualidade:** Conecte-se com sua espiritualidade através da oração, da meditação, do estudo de livros edificantes ou da prática de sua fé. A espiritualidade fortalece a alma, eleva a vibração e nos conecta com a fonte divina de cura.

Exercícios Práticos:
1. **Caminhada na Natureza:** Faça uma caminhada em um parque ou jardim, respirando o ar puro e contemplando a beleza da natureza.
2. **Banho Energético:** Prepare um banho com ervas relaxantes e purificadoras, como lavanda, camomila ou alecrim.
3. **Meditação:** Dedique alguns minutos para meditar, concentrando-se na sua respiração e acalmando a mente.

Cuidar da saúde energética é fundamental para o bem-estar físico, emocional e espiritual. Ao adotar hábitos saudáveis, praticar técnicas de limpeza energética e cultivar pensamentos e emoções positivas, você fortalece sua aura, harmoniza seus chakras e cria uma vida mais saudável, equilibrada e feliz.

Capítulo 30
Proteção Financeira e Energética

A prosperidade financeira é muito mais do que apenas acumular dinheiro. É sobre viver com abundância em todas as áreas da vida, ter recursos para realizar nossos sonhos, cuidar da nossa família e contribuir para o bem-estar da sociedade. No entanto, além da inteligência financeira e do trabalho árduo, a prosperidade também está relacionada à nossa energia, à nossa vibração e à nossa capacidade de atrair e gerenciar as energias da abundância.

Imagine a prosperidade financeira como um rio que flui abundantemente, trazendo consigo recursos e oportunidades. Para que esse rio continue fluindo em nossa direção, é fundamental mantermos nossa energia limpa, equilibrada e alinhada com a vibração da prosperidade.

Desafios Energéticos na Prosperidade Financeira:
- **Crenças limitantes:** Crenças negativas sobre dinheiro, como "dinheiro é sujo", "dinheiro não traz felicidade" ou "não sou merecedor de prosperidade", podem bloquear o fluxo da abundância em nossa vida.
- **Padrões de escassez:** Viver em um estado de escassez, com medo da falta, ansiedade financeira e apego excessivo ao dinheiro, cria uma vibração que repele a prosperidade.
- **Energias negativas:** Inveja, olho gordo e ataques energéticos podem afetar nossa prosperidade financeira, bloqueando oportunidades e gerando perdas.
- **Desequilíbrios energéticos:** Bloqueios nos chakras, principalmente no chakra raiz e no chakra plexo solar,

podem afetar nossa capacidade de atrair e gerenciar recursos financeiros.
- **Dívidas e problemas financeiros:** Dívidas, perdas financeiras e problemas no trabalho podem gerar um ciclo de energia negativa que dificulta a prosperidade.

Técnicas de Proteção Financeira e Energética:
- **Limpeza Energética:** Realize limpezas energéticas em sua casa, ambiente de trabalho e em você mesmo, utilizando técnicas como defumação, banhos de ervas ou cristais, para remover energias negativas que bloqueiam a prosperidade.
- **Cristais:** Utilize cristais que atraem prosperidade e abundância, como citrino, pirita, olho de tigre e quartzo verde, em sua casa, ambiente de trabalho ou carregando-os consigo.
- **Afirmações Positivas:** Repita afirmações positivas relacionadas à prosperidade financeira, como "Eu sou um ímã para a abundância", "O dinheiro flui para mim com facilidade e alegria" ou "Eu mereço prosperidade e sucesso financeiro".
- **Visualização:** Visualize-se vivendo com abundância, prosperidade e sucesso financeiro. Imagine-se realizando seus sonhos, tendo recursos para cuidar da sua família e contribuir para o bem da sociedade.
- **Gratidão:** Cultive a gratidão por todas as bênçãos em sua vida, incluindo os recursos financeiros que você já possui. A gratidão abre caminho para receber mais abundância.
- **Generosidade:** Pratique a generosidade, compartilhando seus recursos com aqueles que precisam e contribuindo para causas que você acredita. A generosidade gera um ciclo de prosperidade e abundância.
- **Organização Financeira:** Organize suas finanças, controle seus gastos e crie um planejamento financeiro para ter clareza sobre seus recursos e metas. A organização financeira contribui para a estabilidade e o equilíbrio energético.

- **Trabalho e Propósito:** Dedique-se ao seu trabalho com paixão e propósito, buscando realizar suas atividades com excelência e contribuindo para o bem-estar da sociedade. O trabalho com propósito atrai prosperidade e realização.
- **Feng Shui:** Aplique os princípios do Feng Shui em sua casa e ambiente de trabalho para harmonizar o fluxo de energia e atrair prosperidade.
- **Cuidado com a Energia do Dinheiro:** Trate o dinheiro com respeito e gratidão, evitando desperdícios e gastos impulsivos. Guarde seu dinheiro em um local limpo e organizado, como uma carteira ou cofre.

Exercícios Práticos:
1. **Lista de Gratidão Financeira:** Escreva uma lista de tudo o que você já conquistou financeiramente e agradeça por cada item.
2. **Afirmações de Prosperidade:** Repita afirmações positivas relacionadas à prosperidade financeira diariamente, com convicção e emoção.
3. **Visualização da Abundância:** Feche os olhos e visualize-se vivendo com abundância em todas as áreas da sua vida, incluindo a financeira.

A proteção financeira e energética é fundamental para criar uma vida próspera e abundante. Ao cuidar da sua energia, eliminar crenças limitantes e adotar hábitos saudáveis em relação ao dinheiro, você abre caminho para atrair e gerenciar a abundância em sua vida.

Capítulo 31
Proteção Espiritual em Redes Sociais

As redes sociais se tornaram uma extensão da nossa vida social, um espaço para conectar com amigos, familiares e pessoas com interesses em comum. No entanto, assim como qualquer ambiente virtual, as redes sociais também possuem seus desafios energéticos, com a presença de energias negativas que podem afetar nosso bem-estar, nossa autoestima e nossa saúde mental.

Imagine as redes sociais como uma grande praça pública, onde diferentes pessoas se encontram, interagem e compartilham suas vidas. Assim como em uma praça pública, podemos encontrar pessoas com boas intenções, mas também podemos nos deparar com indivíduos mal-intencionados, energias negativas e situações que podem nos desequilibrar.

Desafios Energéticos nas Redes Sociais:

- **Energias negativas:** Comentários negativos, críticas, cyberbullying, discursos de ódio e mensagens maldosas podem gerar um campo de energia densa que afeta nossa vibração e bem-estar.
- **Inveja e competição:** A exposição da vida "perfeita" nas redes sociais pode gerar inveja, competição e olho gordo, afetando nossa energia e autoestima.
- **Comparação e insegurança:** A comparação com a vida de outras pessoas nas redes sociais pode gerar sentimentos de insegurança, ansiedade e baixa autoestima.
- **Vício e procrastinação:** O uso excessivo das redes sociais pode levar ao vício e à procrastinação, roubando nosso tempo, energia e foco.
- **Influências negativas:** Podemos ser influenciados por conteúdos negativos, como notícias falsas, discursos de

ódio e imagens violentas, que afetam nossa vibração e visão de mundo.
- **Exposição excessiva:** Compartilhar informações pessoais em excesso nas redes sociais pode nos tornar vulneráveis a ataques energéticos e invasão de privacidade.

Técnicas de Proteção Espiritual nas Redes Sociais:
- **Consciência:** Utilize as redes sociais com consciência, responsabilidade e moderação. Esteja atento aos conteúdos que você consome e compartilha, evitando expor-se a energias negativas.
- **Limpeza Energética:** Realize limpezas energéticas regularmente em seus dispositivos eletrônicos, como celular e computador, utilizando técnicas como defumação com ervas de proteção ou cristais purificadores.
- **Proteção da Aura:** Fortaleça sua aura através de meditação, respiração consciente e visualização, criando um escudo energético que o protege de influências negativas.
- **Afirmações Positivas:** Repita afirmações positivas de proteção e autoestima antes de acessar as redes sociais, como "Estou protegido por uma luz divina nas redes sociais" ou "Minha energia é forte e radiante, repelindo qualquer negatividade".
- **Visualização:** Visualize-se envolto em uma luz branca e protetora enquanto navega pelas redes sociais, imaginando que essa luz o blinda de qualquer energia negativa.
- **Seletividade:** Seja seletivo com as pessoas que você segue e com os grupos que participa nas redes sociais. Priorize conexões com pessoas que emanam positividade e te inspiram.
- **Conteúdo Positivo:** Compartilhe conteúdos positivos, inspiradores e elevados que contribuam para o bem-estar da comunidade virtual.
- **Limites:** Estabeleça limites para o uso das redes sociais, definindo horários e tempo de uso para evitar o vício e a procrastinação.

- **Desconexão:** Desconecte-se das redes sociais periodicamente para se conectar com o mundo real, com a natureza e consigo mesmo.
- **Privacidade:** Proteja sua privacidade, evitando compartilhar informações pessoais em excesso e configurando as opções de privacidade das suas contas.
- **Denúncia:** Denuncie conteúdos inapropriados, como cyberbullying, discursos de ódio e fake news, para contribuir para um ambiente virtual mais seguro e positivo.

Exercícios Práticos:
1. **Limpeza do celular:** Realize uma defumação com sálvia branca ao redor do seu celular, mentalizando a purificação do aparelho e a proteção contra energias negativas.
2. **Afirmações positivas:** Antes de acessar as redes sociais, repita afirmações positivas de proteção e autoestima.
3. **Desconexão consciente:** Programe um dia da semana para se desconectar completamente das redes sociais e se dedicar a atividades que te tragam bem-estar e conexão com o mundo real.

A proteção espiritual nas redes sociais é fundamental para preservar sua energia, sua autoestima e sua saúde mental. Ao utilizar as ferramentas e técnicas apresentadas neste capítulo, você cria um escudo energético que o protege de influências negativas, permitindo que desfrute dos benefícios das redes sociais de forma consciente, segura e positiva.

Capítulo 32
Lidando com Vampiros Energéticos

Vampiros energéticos são pessoas que, consciente ou inconscientemente, drenam a energia vital de outras pessoas. Eles se alimentam da energia dos outros para suprir suas próprias necessidades emocionais, deixando suas vítimas exaustas, desanimadas e esgotadas.

Imagine a energia vital como um líquido precioso que nos mantém vibrantes e saudáveis. Vampiros energéticos são como ladrões que tentam roubar esse líquido, deixando-nos vazios e vulneráveis.

Características dos Vampiros Energéticos:
- **Negatividade:** Vampiros energéticos geralmente são pessoas negativas, pessimistas, queixosas e dramáticas. Elas tendem a se concentrar nos problemas, nas dificuldades e nas tragédias, contaminando o ambiente com suas vibrações negativas.
- **Vitimização:** Elas costumam se colocar no papel de vítima, culpando os outros por seus problemas e buscando atenção e compaixão.
- **Manipulação:** Utilizam a manipulação emocional para conseguir o que querem, fazendo com que os outros se sintam culpados, responsáveis ou obrigados a ajudá-las.
- **Drama:** Criam dramas e conflitos para chamar atenção e se alimentar da energia das pessoas ao seu redor.
- **Falta de empatia:** Demonstram pouca ou nenhuma empatia pelos outros, focando apenas em suas próprias necessidades e desejos.

- **Exigência:** São pessoas exigentes, que esperam que os outros atendam às suas necessidades e caprichos, sem se preocupar com o bem-estar alheio.
- **Inveja:** Podem sentir inveja da felicidade, sucesso ou bem-estar dos outros, tentando diminuir ou sabotar suas conquistas.

Como se Proteger de Vampiros Energéticos:

- **Identificação:** Aprenda a identificar os vampiros energéticos ao seu redor, observando seus padrões de comportamento e como você se sente após interagir com eles.
- **Limites:** Estabeleça limites claros e firmes, dizendo "não" quando necessário e se afastando de situações que te desgastam.
- **Fortalecimento da Aura:** Fortaleça sua aura através de meditação, respiração consciente, visualização e afirmações positivas, criando um escudo energético que o protege de influências negativas.
- **Visualização:** Visualize-se envolto em uma luz branca e protetora, imaginando que essa luz repele qualquer energia negativa que tente se aproximar.
- **Cordão de Prata:** Visualize um cordão de prata conectando você ao seu chakra coronário, imaginando que esse cordão o mantém conectado à sua fonte divina de energia e proteção.
- **Afirmações Positivas:** Repita afirmações positivas de proteção, como "Minha energia é forte e radiante, repelindo qualquer vampirismo energético" ou "Estou protegido por uma luz divina, livre de qualquer influência negativa".
- **Compaixão:** Pratique a compaixão pelos vampiros energéticos, compreendendo que eles agem dessa forma por carência e desequilíbrio. No entanto, a compaixão não significa se deixar ser explorado. Mantenha seus limites e proteja sua energia.

- **Afaste-se:** Se possível, afaste-se dos vampiros energéticos, limitando o contato e evitando situações que te desgastam.
- **Limpeza Energética:** Após interagir com um vampiro energético, realize uma limpeza energética, como um banho de ervas ou defumação, para remover qualquer energia negativa que possa ter ficado em seu campo energético.

Exercícios Práticos:
1. **Identifique os Vampiros:** Analise seus relacionamentos e identifique as pessoas que te deixam cansado, desanimado ou esgotado após a interação.
2. **Fortaleça sua Aura:** Pratique a meditação e a visualização para fortalecer sua aura e criar um escudo energético.
3. **Afirmações Positivas:** Repita afirmações positivas de proteção contra vampirismo energético.

Proteger-se de vampiros energéticos é essencial para preservar sua energia vital e seu bem-estar. Ao utilizar as ferramentas e técnicas apresentadas neste capítulo, você fortalece sua aura, eleva sua vibração e se blinda de influências negativas, mantendo sua energia equilibrada e radiante.

Capítulo 33
Proteção contra Magia Negra

Magia negra é o termo utilizado para descrever práticas que visam manipular energias negativas para causar mal a alguém, seja através de rituais, feitiços ou encantamentos. Essas práticas podem ser realizadas por pessoas que desejam prejudicar, vingar-se ou controlar outras pessoas, utilizando energias densas e forças obscuras para atingir seus objetivos.

É importante ressaltar que a magia negra, assim como qualquer forma de magia, está sujeita às leis universais de causa e efeito. Aqueles que praticam magia negra para prejudicar os outros acabam atraindo para si mesmos as consequências negativas de seus atos, gerando um ciclo de carma negativo que pode afetá-los por muitas vidas.

Como a Magia Negra Pode se Manifestar:
A magia negra pode se manifestar de diversas formas, afetando a pessoa em diferentes níveis:

- **Físico:** Doenças, acidentes, dores inexplicáveis, problemas de saúde sem causa aparente.
- **Emocional:** Depressão, ansiedade, medo, insegurança, irritabilidade, pesadelos.
- **Mental:** Pensamentos obsessivos, confusão mental, dificuldade de concentração, bloqueios criativos.
- **Espiritual:** Sensação de opressão, presença de energias negativas, dificuldade de conexão espiritual, pesadelos.
- **Material:** Perdas financeiras, problemas no trabalho, destruição de bens materiais, acidentes domésticos.
- **Relacional:** Conflitos, brigas, rompimento de relacionamentos, isolamento social.

Técnicas de Proteção contra Magia Negra:

- **Fortalecimento Espiritual:** Cultive sua fé, eleve sua vibração e fortaleça sua conexão com o divino através da oração, meditação e práticas espirituais. Uma forte conexão espiritual cria um escudo protetor contra energias negativas.
- **Limpeza Energética:** Realize limpezas energéticas regulares em você mesmo, em sua casa e em seus objetos pessoais, utilizando técnicas como defumação, banhos de ervas ou cristais, para remover qualquer energia negativa que possa ter sido enviada.
- **Proteção da Aura:** Fortaleça sua aura através de técnicas como meditação, respiração consciente e visualização, criando um escudo energético que o protege de ataques psíquicos.
- **Amuletos e Talismãs:** Utilize amuletos de proteção, como a Mão de Fátima, o Olho de Hórus ou a Cruz, para afastar energias negativas e atrair proteção.
- **Cristais:** Mantenha cristais de proteção, como turmalina negra, ônix, ametista ou quartzo rosa, próximos a você ou em sua casa para criar um escudo energético.
- **Defumação:** Realize defumações com ervas de proteção, como arruda, alecrim, sálvia branca ou palo santo, para purificar o ambiente e afastar energias negativas.
- **Banhos de Ervas:** Tome banhos com ervas de proteção, como arruda, alecrim ou guiné, para limpar e fortalecer sua aura.
- **Oração e Meditação:** Ore e medite pedindo proteção divina contra qualquer mal. Visualize-se envolto em uma luz branca e protetora, repelindo qualquer energia negativa.
- **Afirmações Positivas:** Repita afirmações positivas de proteção, como "Estou protegido por uma luz divina, livre de qualquer magia negra" ou "Minha energia é forte e radiante, repelindo qualquer ataque psíquico".

- **Discernimento:** Seja seletivo com as pessoas com quem você se relaciona e com os lugares que frequenta. Evite se envolver em ambientes ou situações que te causem desconforto ou sensação de insegurança.
- **Compaixão:** Pratique a compaixão por aqueles que praticam magia negra, enviando-lhes amor e luz. A compaixão transmuta energias negativas em positivas e quebra o ciclo de carma negativo.
- **Ajuda Espiritual:** Se você suspeitar que está sendo vítima de magia negra, busque ajuda de um profissional espiritualista de confiança para realizar uma limpeza energética e te auxiliar na proteção.

Exercícios Práticos:
1. **Limpeza Energética:** Realize uma limpeza energética completa em sua casa, utilizando defumação com arruda e sálvia branca.
2. **Banho de Proteção:** Tome um banho com arruda e alecrim para limpar e fortalecer sua aura.
3. **Oração de Proteção:** Faça uma oração pedindo proteção divina contra qualquer mal.

A melhor proteção contra magia negra é o fortalecimento da sua própria luz interior e a conexão com o divino. Ao cultivar a fé, a positividade e o amor em seu coração, você cria um escudo energético poderoso que o protege de qualquer influência negativa.

Capítulo 34
Escudo Psíquico
Técnicas de Criação e Fortalecimento

O escudo psíquico é uma barreira energética que podemos criar ao nosso redor para nos proteger de energias negativas, influências indesejadas e ataques psíquicos. É como uma armadura invisível que blinda nossa aura, mantendo nossa energia equilibrada e nosso espírito protegido.

Imagine o escudo psíquico como um campo de força que envolve seu corpo, repelindo qualquer energia negativa que tente se aproximar. É uma ferramenta poderosa de proteção que podemos ativar e fortalecer através de técnicas específicas.

Como Criar um Escudo Psíquico:

1. **Relaxamento:** Encontre um lugar tranquilo e confortável onde você possa relaxar seu corpo e mente. Respire profundamente e libere qualquer tensão ou preocupação.
2. **Visualização:** Feche os olhos e visualize uma luz branca e radiante envolvendo todo o seu corpo. Imagine essa luz como uma barreira protetora, forte e impenetrável.
3. **Intenção:** Afirme sua intenção de criar um escudo psíquico para se proteger de energias negativas. Repita mentalmente afirmações como "Estou protegido por um escudo de luz" ou "Nenhuma energia negativa pode me atingir".
4. **Energização:** Visualize a luz do seu escudo se intensificando, tornando-se cada vez mais brilhante e poderosa. Sinta a energia protetora envolvendo todo o seu ser.

5. **Ancoragem:** Imagine que seu escudo está firmemente ancorado à terra, criando uma base sólida e estável. Sinta-se seguro e protegido dentro do seu escudo de luz.

Técnicas para Fortalecer o Escudo Psíquico:
- **Prática regular:** Crie seu escudo psíquico diariamente, mesmo quando se sentir seguro e protegido. A prática regular fortalece sua capacidade de visualização e torna seu escudo mais resistente.
- **Visualização detalhada:** Quanto mais detalhes você adicionar à sua visualização, mais forte será seu escudo. Imagine a textura, a temperatura e a luminosidade da luz que o envolve.
- **Afirmações positivas:** Repita afirmações positivas de proteção enquanto visualiza seu escudo, como "Meu escudo psíquico é forte e impenetrável" ou "Estou protegido de qualquer energia negativa".
- **Emoções positivas:** Associe emoções positivas à sua visualização, como paz, confiança, segurança e gratidão. As emoções amplificam o poder do seu escudo.
- **Cristais:** Utilize cristais de proteção, como turmalina negra, ametista ou quartzo rosa, para fortalecer seu escudo psíquico. Segure o cristal em suas mãos enquanto visualiza ou mantenha-o próximo a você.
- **Meditação:** Pratique a meditação para fortalecer sua mente, aumentar sua concentração e aprofundar sua conexão com sua intuição. Uma mente calma e focada facilita a criação e manutenção do escudo psíquico.

Quando Utilizar o Escudo Psíquico:
- **Em ambientes carregados:** Ative seu escudo psíquico ao entrar em ambientes com energias negativas, como hospitais, cemitérios ou locais com grande fluxo de pessoas.
- **Em situações desafiadoras:** Fortaleça seu escudo psíquico em situações que te causam estresse, ansiedade ou insegurança, como reuniões importantes, apresentações em público ou conversas difíceis.

- **Em contato com pessoas negativas:** Ative seu escudo psíquico ao interagir com pessoas negativas, tóxicas ou que te desgastam energeticamente.
- **Antes de dormir:** Crie seu escudo psíquico antes de dormir para se proteger de energias negativas durante o sono.

Exercícios Práticos:
1. **Crie seu escudo:** Siga os passos descritos acima para criar seu escudo psíquico.
2. **Fortaleça seu escudo:** Pratique a visualização e as afirmações positivas diariamente para fortalecer seu escudo.
3. **Teste seu escudo:** Imagine que energias negativas estão tentando penetrar seu escudo. Visualize seu escudo repelindo essas energias, mantendo você seguro e protegido.

O escudo psíquico é uma ferramenta poderosa de proteção que está disponível a todos nós. Ao praticar as técnicas de criação e fortalecimento, você se torna capaz de se proteger de energias negativas, mantendo sua energia equilibrada, seu espírito protegido e sua vida em harmonia.

Capítulo 35
Cordão de Prata

O cordão de prata é um fio energético sutil que conecta nosso corpo físico ao nosso corpo astral, permitindo que nossa consciência viaje entre diferentes dimensões durante o sono, a meditação ou experiências fora do corpo. Ele também é responsável por manter a conexão entre nossa alma e nosso corpo físico durante a vida terrena.

Imagine o cordão de prata como um fio de luz que nos ancora ao nosso corpo físico enquanto exploramos outras realidades. Ele é flexível e extensível, permitindo que nossa consciência viaje livremente, mas ao mesmo tempo nos mantém conectados à nossa fonte de vida.

Funções do Cordão de Prata:
- **Conexão entre os corpos:** O cordão de prata mantém a conexão entre o corpo físico e o corpo astral, permitindo a comunicação e a troca de energias entre esses dois corpos.
- **Viagens astrais:** Durante o sono ou em estados meditativos profundos, nosso corpo astral pode se desprender do corpo físico e viajar para outras dimensões. O cordão de prata atua como um elo que nos permite retornar ao corpo físico com segurança.
- **Sustentação da vida:** O cordão de prata é essencial para a manutenção da vida física. Quando o cordão de prata se rompe, ocorre a morte física e a alma se desliga do corpo.
- **Canal de energia:** O cordão de prata também atua como um canal de energia vital, transportando prana (energia vital) do corpo astral para o corpo físico, mantendo-o nutrido e energizado.

Fortalecendo o Cordão de Prata:

Um cordão de prata forte e saudável é essencial para a saúde energética, a proteção espiritual e as experiências fora do corpo. Algumas práticas que podem fortalecer o cordão de prata incluem:
- **Meditação:** A meditação regular fortalece a conexão entre o corpo físico e o corpo astral, tornando o cordão de prata mais resistente e flexível.
- **Técnicas de Respiração:** Práticas de respiração consciente, como a respiração alternada (nadi shodhana) e a respiração da luz, harmonizam o fluxo de energia vital e fortalecem o cordão de prata.
- **Visualização:** Visualize seu cordão de prata como um fio de luz brilhante e forte, conectando seu corpo físico ao seu corpo astral. Imagine-o pulsando com energia vital, nutrido e protegido.
- **Afirmações Positivas:** Repita afirmações positivas para fortalecer seu cordão de prata, como "Meu cordão de prata é forte e saudável, me conectando à minha essência divina" ou "Meu corpo físico e meu corpo astral estão em perfeita harmonia".
- **Hábitos Saudáveis:** Uma alimentação saudável, exercícios físicos regulares, sono reparador e o contato com a natureza contribuem para a saúde energética e fortalecem o cordão de prata.
- **Proteção Espiritual:** As práticas de proteção espiritual, como a criação de um escudo psíquico, a defumação e o uso de cristais, também contribuem para a proteção do cordão de prata.

Cuidando do Cordão de Prata:
- **Evite o uso de drogas e álcool:** O uso de drogas e álcool pode enfraquecer o cordão de prata e torná-lo mais suscetível a rupturas.
- **Cuidado com as emoções:** Emoções negativas intensas, como raiva, medo e ódio, podem afetar a estabilidade do cordão de prata.

- **Práticas espirituais conscientes:** Ao realizar práticas espirituais que envolvem a projeção astral, como meditações guiadas ou viagens astrais, faça-o com responsabilidade e com a orientação de um profissional experiente.

Exercícios Práticos:
1. **Visualização do Cordão de Prata:** Deite-se confortavelmente, feche os olhos e visualize seu cordão de prata como um fio de luz brilhante e forte, conectando seu corpo físico ao seu corpo astral.
2. **Respiração da Luz:** Pratique a respiração da luz, visualizando a luz branca e radiante percorrendo todo o seu corpo, fortalecendo seu cordão de prata.
3. **Afirmações Positivas:** Repita afirmações positivas para fortalecer seu cordão de prata e sua conexão com o divino.

O cordão de prata é um elo vital que nos conecta à nossa essência divina e nos permite experienciar diferentes dimensões da realidade. Ao compreender sua importância e praticar técnicas para fortalecê-lo, você garante uma conexão estável, segura e harmoniosa entre seu corpo físico e seu corpo astral, contribuindo para sua saúde energética, proteção espiritual e evolução espiritual.

Capítulo 36
Limpeza de Aura
Técnicas Avançadas

A aura é como um campo energético que envolve nosso corpo físico, refletindo nossa saúde, estado emocional e espiritualidade. Assim como nosso corpo físico precisa de higiene e cuidados para se manter saudável, nossa aura também precisa ser limpa e purificada para garantir o fluxo harmonioso de energia vital e a proteção contra influências negativas.

Imagine a aura como um filtro que absorve as energias do ambiente e das pessoas ao nosso redor. Com o tempo, podemos acumular energias densas e estagnadas em nossa aura, o que pode levar a desequilíbrios emocionais, problemas de saúde e dificuldades em diversas áreas da vida. As técnicas avançadas de limpeza de aura nos permitem remover essas energias negativas mais profundas, promovendo uma purificação energética completa e restaurando o equilíbrio do nosso ser.

Sinais de que sua Aura Precisa de Limpeza:

- **Cansaço excessivo e sem causa aparente:** Você se sente cansado, desanimado e sem energia, mesmo após uma boa noite de sono.
- **Doenças frequentes:** Você fica doente com frequência, mesmo cuidando da sua saúde física.
- **Desequilíbrios emocionais:** Você se sente mais ansioso, irritado, triste ou com medo sem motivo aparente.
- **Dificuldade de concentração:** Você tem dificuldade de se concentrar, se sente disperso e com a mente agitada.
- **Problemas de sono:** Você tem insônia, pesadelos ou acorda cansado e sem energia.

- **Sensação de peso e opressão:** Você se sente pesado, com uma sensação de opressão no peito ou nas costas.
- **Dificuldade de conexão espiritual:** Você se sente desconectado da sua espiritualidade, com dificuldade de meditar ou se conectar com o divino.

Técnicas Avançadas de Limpeza de Aura:

- **Varredura da Aura:** Utilize suas mãos ou um instrumento como uma pena ou um cristal para "varrer" a aura, removendo as energias negativas. Comece pela cabeça e vá descendo até os pés, visualizando as energias densas sendo removidas e dissolvidas.
- **Respiração da Luz:** Inspire profundamente, visualizando uma luz branca e radiante entrando pelo seu chakra coronário e preenchendo todo o seu corpo, limpando e purificando sua aura. Expire, visualizando as energias negativas sendo liberadas do seu corpo.
- **Cromoterapia:** Utilize a energia das cores para limpar e harmonizar a aura. Visualize cada cor do arco-íris envolvendo seu corpo, uma de cada vez, limpando e equilibrando os chakras correspondentes.
- **Sons e Mantras:** Utilize sons de alta vibração, como cantos Gregorianos, mantras ou tigelas tibetanas, para vibrar e purificar sua aura.
- **Reiki:** O Reiki é uma técnica de cura energética que promove a limpeza e harmonização da aura, equilibrando o fluxo de energia vital.
- **Meditação Guiada:** Utilize meditações guiadas para limpeza de aura, seguindo as instruções de um guia experiente para visualizar e remover energias negativas.
- **Limpeza com Cristais:** Utilize cristais de alta vibração, como selenita, quartzo transparente ou ametista, para limpar e energizar sua aura. Posicione os cristais sobre os chakras ou ao redor do corpo durante a meditação ou o relaxamento.

- **Banhos de Ervas:** Prepare banhos com ervas de limpeza energética, como arruda, alecrim, sálvia branca ou lavanda, para purificar e revitalizar sua aura.
- **Defumação:** Realize defumações com ervas de proteção, como sálvia branca, palo santo ou arruda, para limpar o ambiente e remover energias negativas da sua aura.
- **Ajuda Espiritual:** Em casos de energias negativas mais densas ou persistentes, busque ajuda de um profissional espiritualista de confiança para realizar uma limpeza profunda de aura.

Exercícios Práticos:
1. **Varredura da Aura:** Fique em pé com os pés afastados na largura dos ombros. Respire profundamente e comece a "varrer" sua aura com as mãos, descendo da cabeça aos pés, visualizando as energias negativas sendo removidas.
2. **Respiração da Luz:** Sente-se confortavelmente, feche os olhos e pratique a respiração da luz, visualizando a luz branca preenchendo seu corpo e limpando sua aura.
3. **Limpeza com Cristais:** Deite-se e posicione um cristal de selenita sobre cada chakra, do raiz ao coronário. Relaxe e permita que a energia do cristal limpe e purifique sua aura.

A limpeza de aura é um processo contínuo que contribui para a manutenção da sua saúde energética, bem-estar e proteção espiritual. Ao praticar as técnicas avançadas apresentadas neste capítulo, você remove energias negativas mais profundas, harmoniza seu campo energético e eleva sua vibração, criando uma vida mais leve, equilibrada e radiante.

Capítulo 37
Equilibrando os Chakras para Proteção

Os chakras são centros de energia vital localizados ao longo da coluna vertebral, desde a base até o topo da cabeça. Eles atuam como vórtices energéticos que captam, processam e distribuem a energia vital (prana) por todo o nosso corpo, nutrindo órgãos, glândulas e sistemas.

Cada chakra está associado a diferentes aspectos da nossa vida, como a vitalidade física, as emoções, a intuição, a comunicação e a espiritualidade. Quando nossos chakras estão em equilíbrio, a energia flui livremente, promovendo saúde, harmonia e bem-estar. No entanto, quando um ou mais chakras estão desequilibrados, podemos experienciar bloqueios energéticos, desequilíbrios emocionais e até mesmo doenças físicas.

Imagine os chakras como rodas que giram em harmonia, mantendo o fluxo de energia vital em equilíbrio. Quando uma roda está desalinhada ou girando muito rápido ou muito devagar, todo o sistema energético é afetado, comprometendo nossa saúde e bem-estar.

Relação entre Chakras e Proteção Espiritual:

Os chakras desempenham um papel fundamental na proteção espiritual, atuando como filtros que regulam o fluxo de energia em nosso corpo. Quando nossos chakras estão equilibrados e fortalecidos, criamos um escudo energético que nos protege de influências negativas e ataques psíquicos.

- **Chakra Raiz (Muladhara):** Um chakra raiz forte nos ancora à Terra, proporcionando segurança, estabilidade e proteção contra energias densas.

- **Chakra Sacral (Svadhisthana):** Um chakra sacral equilibrado nos permite lidar com as emoções de forma saudável, evitando que energias negativas nos afetem emocionalmente.
- **Chakra Plexo Solar (Manipura):** Um chakra plexo solar forte nos empodera, aumenta nossa autoconfiança e nos protege de influências manipuladoras.
- **Chakra Cardíaco (Anahata):** Um chakra cardíaco aberto e amoroso nos protege com a energia do amor, criando um escudo de compaixão e empatia.
- **Chakra Laríngeo (Vishuddha):** Um chakra laríngeo equilibrado nos permite expressar nossa verdade com clareza e autenticidade, afastando energias negativas que tentam nos silenciar.
- **Chakra Frontal (Ajna):** Um chakra frontal desenvolvido nos conecta com nossa intuição, permitindo-nos discernir energias negativas e nos proteger de influências indesejadas.
- **Chakra Coronário (Sahasrara):** Um chakra coronário aberto nos conecta com o divino, recebendo proteção e orientação dos planos superiores.

Técnicas para Equilibrar os Chakras:

- **Meditação:** Meditar nos chakras, visualizando sua cor e energia, promove o equilíbrio e a harmonização.
- **Yoga:** As posturas (asanas) e técnicas de respiração (pranayama) do yoga auxiliam no equilíbrio dos chakras.
- **Cristais:** Utilizar cristais que correspondem à cor de cada chakra pode auxiliar no seu equilíbrio e energização.
- **Aromaterapia:** Utilizar óleos essenciais que correspondem à vibração de cada chakra pode auxiliar na sua harmonização.
- **Reiki:** O Reiki é uma técnica de cura energética que promove o equilíbrio dos chakras e o fluxo da energia vital.
- **Mantras:** Entoar mantras específicos para cada chakra pode ajudar a harmonizar e equilibrar suas energias.

- **Afirmações Positivas:** Repetir afirmações positivas para cada chakra, focando em suas qualidades e funções, pode auxiliar no seu equilíbrio.
- **Visualização:** Visualizar cada chakra girando em harmonia, com sua cor vibrante e energia equilibrada, promove a harmonização do sistema energético.

Exercícios Práticos:
1. **Meditação nos Chakras:** Sente-se confortavelmente, feche os olhos e visualize cada chakra, um de cada vez, imaginando sua cor e energia vibrante.
2. **Respiração para os Chakras:** Sente-se com a coluna ereta e respire profundamente, visualizando a energia vital fluindo por cada chakra, energizando e equilibrando-o.
3. **Afirmações para os Chakras:** Repita afirmações positivas para cada chakra, como "Meu chakra raiz está forte e equilibrado, me proporcionando segurança e estabilidade" ou "Meu chakra cardíaco está aberto e radiante, emanando amor e compaixão".

O equilíbrio dos chakras é fundamental para a saúde energética, o bem-estar e a proteção espiritual. Ao harmonizar seus chakras, você fortalece sua aura, eleva sua vibração e cria um escudo energético poderoso, permitindo que viva com mais vitalidade, equilíbrio e harmonia.

Capítulo 38
Trabalhando com seus Guias Espirituais para Proteção

Guias espirituais são seres de luz que nos acompanham em nossa jornada terrena, oferecendo auxílio, proteção e orientação. Eles podem ser anjos, mestres ascensionados, ancestrais iluminados ou outros seres espirituais que vibram em alta frequência e dedicam-se ao nosso desenvolvimento e evolução.

Imagine seus guias espirituais como amigos sábios e amorosos que caminham ao seu lado, oferecendo apoio, conselhos e proteção em cada passo da sua jornada. Eles estão sempre presentes, prontos para nos auxiliar a superar desafios, tomar decisões e encontrar o caminho da luz.

Conectando-se com seus Guias Espirituais:

- **Intuição:** Preste atenção à sua intuição, aos seus "insights" e às suas sensações sutis. Seus guias espirituais se comunicam através da intuição, enviando mensagens, ideias e sinais para te guiar.
- **Meditação:** A meditação é uma ferramenta poderosa para se conectar com seus guias espirituais. Em um estado meditativo, você pode se abrir para receber mensagens, imagens e sensações que eles te enviam.
- **Oração:** A oração é uma forma de comunicação direta com seus guias espirituais. Converse com eles como se estivesse conversando com um amigo, compartilhando suas dúvidas, pedindo auxílio e agradecendo pela proteção.
- **Escrita Intuitiva:** A escrita intuitiva é uma forma de canalizar mensagens dos seus guias espirituais. Pegue um

papel e uma caneta, relaxe sua mente e permita que as palavras fluam livremente, sem censura ou julgamento.
- **Sonhos:** Preste atenção aos seus sonhos, pois seus guias espirituais podem se comunicar através deles. Mantenha um diário de sonhos para registrar as mensagens e símbolos que eles te enviam.
- **Natureza:** Passe tempo em contato com a natureza, em um lugar tranquilo e sereno, para se conectar com a energia dos seus guias espirituais. A natureza é um portal para o mundo espiritual.

Pedindo Proteção aos seus Guias:
- **Intenção:** Defina claramente sua intenção de receber proteção dos seus guias espirituais. Visualize-se envolto em uma luz protetora, guiado e amparado por seus guias.
- **Oração:** Faça uma oração específica pedindo proteção aos seus guias espirituais. Agradeça pela proteção que eles já te oferecem e peça que continuem te guiando e protegendo em sua jornada.
- **Visualização:** Visualize seus guias espirituais ao seu redor, criando um círculo de proteção. Imagine-os como seres de luz que emanam amor, paz e segurança.
- **Afirmações Positivas:** Repita afirmações positivas de proteção, como "Estou protegido pelos meus guias espirituais" ou "Meus guias espirituais me guiam e me protegem em todos os momentos".
- **Confiança:** Confie na proteção dos seus guias espirituais e na sabedoria divina que os guia. Tenha fé de que você está sendo cuidado e protegido em todos os momentos.

Sinais da Presença dos seus Guias:
- **Sensações:** Você pode sentir a presença dos seus guias espirituais através de sensações físicas, como arrepios, calor, leveza ou uma brisa suave.
- **Pensamentos:** Ideias, insights e soluções para problemas podem surgir em sua mente de forma inesperada, como se fossem sussurradas pelos seus guias.

- **Sonhos:** Seus guias podem aparecer em seus sonhos, oferecendo mensagens, conselhos ou simplesmente mostrando sua presença e apoio.
- **Sincronicidades:** Eventos sincronísticos, como encontrar o livro certo na hora certa ou cruzar com a pessoa que te dará a resposta que você precisa, podem ser sinais da atuação dos seus guias espirituais.
- **Intuição:** Sua intuição se torna mais forte e clara, guiando você em suas decisões e te protegendo de situações negativas.

Exercícios Práticos:

1. **Meditação para Conexão:** Sente-se em um lugar tranquilo, feche os olhos e imagine que está em um jardim lindo e sereno. Peça aos seus guias espirituais que se juntem a você nesse jardim e se abram para receber suas mensagens.
2. **Oração de Proteção:** Faça uma oração sincera pedindo proteção e orientação aos seus guias espirituais.
3. **Diário de Sonhos:** Mantenha um diário de sonhos para registrar as mensagens e símbolos que seus guias te enviam durante o sono.

Seus guias espirituais são seus aliados e protetores em sua jornada terrena. Ao se conectar com eles, pedir sua proteção e confiar em sua orientação, você abre caminho para uma vida mais iluminada, segura e abençoada.

Capítulo 39
Desenvolvendo sua Intuição para Autoproteção

A intuição é como uma bússola interna que nos guia em direção ao nosso bem maior, nos alertando sobre perigos, nos mostrando oportunidades e nos ajudando a tomar decisões mais sábias. É uma forma de conhecimento que vai além da lógica e dos cinco sentidos, uma voz interior que nos sussurra a verdade e nos orienta em nosso caminho.

Imagine a intuição como um radar que capta informações sutis do ambiente e do campo energético das pessoas, nos alertando sobre energias negativas, intenções ocultas e situações que podem nos prejudicar. Desenvolver a intuição é como afinar esse radar, tornando-o mais preciso e confiável para nos guiar em nossa jornada de autoproteção.

A Intuição como Ferramenta de Autoproteção:

- **Alerta:** A intuição nos avisa sobre perigos e situações que podem nos prejudicar, seja através de um "pressentimento", uma sensação de desconforto ou uma voz interior que nos diz para não fazer algo.
- **Discernimento:** A intuição nos ajuda a discernir entre energias positivas e negativas, pessoas confiáveis e pessoas mal-intencionadas, situações benéficas e situações que podem nos prejudicar.
- **Orientação:** A intuição nos guia em direção ao nosso bem maior, nos mostrando o caminho a seguir, as decisões a tomar e as oportunidades a aproveitar.
- **Proteção:** A intuição nos ajuda a nos proteger de energias negativas, pessoas tóxicas e situações que podem nos desequilibrar energeticamente.

- **Conexão Espiritual:** A intuição nos conecta com nossa sabedoria interior, com nossos guias espirituais e com o divino, nos proporcionando orientação e proteção espiritual.

Técnicas para Desenvolver a Intuição:

- **Meditação:** A meditação acalma a mente, silencia o diálogo interno e nos permite acessar nossa voz interior com mais clareza.
- **Atenção Plena (Mindfulness):** Pratique a atenção plena no seu dia a dia, observando seus pensamentos, emoções e sensações sem julgamento. A atenção plena aumenta a consciência e nos torna mais receptivos aos sinais da intuição.
- **Conexão com a Natureza:** Passe tempo em contato com a natureza, em um lugar tranquilo e sereno, para se conectar com sua sabedoria interior e com as energias sutis do universo.
- **Escrita Intuitiva:** Pratique a escrita intuitiva, permitindo que as palavras fluam livremente, sem censura ou julgamento. A escrita intuitiva pode revelar mensagens e insights do seu subconsciente e dos seus guias espirituais.
- **Interpretação de Sonhos:** Preste atenção aos seus sonhos e anote-os em um diário. Os sonhos podem conter mensagens simbólicas e insights intuitivos.
- **Confiança:** Confie em sua intuição, mesmo que ela pareça ilógica ou irracional. Quanto mais você confiar em sua intuição, mais forte ela se tornará.
- **Observação:** Observe os sinais e sincronicidades ao seu redor. A intuição se manifesta de diversas formas, como um pensamento repentino, uma sensação física ou um evento sincronístico.
- **Paciência:** Desenvolver a intuição é um processo gradual que requer tempo, paciência e prática. Não desanime se você não sentir resultados imediatos.

Exercícios Práticos:

1. **Meditação da Intuição:** Sente-se confortavelmente, feche os olhos e respire profundamente. Imagine uma luz azul índigo brilhando no centro da sua testa (chakra frontal). Peça à sua intuição que se manifeste com clareza e confie nas mensagens que você receber.
2. **Jogo da Intuição:** Escolha um baralho de cartas e embaralhe-o. Concentre-se em uma carta específica do baralho e tente adivinhar qual é a carta. Vire a carta e veja se você acertou. Repita o exercício várias vezes.
3. **Escrita Intuitiva:** Pegue um papel e uma caneta e escreva a primeira palavra que vier à sua mente. Continue escrevendo, deixando as palavras fluirem livremente, sem se preocupar com a gramática ou o sentido. Após alguns minutos, leia o que você escreveu e observe as mensagens e insights que surgiram.

A intuição é uma ferramenta poderosa de autoconhecimento e proteção espiritual. Ao desenvolver sua intuição, você se torna mais consciente de si mesmo, do ambiente ao seu redor e das energias sutis que o influenciam. Confie em sua bússola interna e permita que ela o guie em direção a uma vida mais segura, harmoniosa e plena.

Capítulo 40
O Poder do Perdão na Libertação Energética

O perdão é um ato de libertação, uma escolha consciente de libertar a raiva, o ressentimento e a mágoa que carregamos em relação a nós mesmos ou aos outros. É um presente que damos a nós mesmos, quebrando as correntes do passado e abrindo caminho para a cura, a paz interior e a liberdade.

Imagine o perdão como uma chave que abre as portas da prisão emocional em que nos encontramos quando nos apegamos à raiva e ao ressentimento. Ao perdoar, nos libertamos do peso do passado e nos abrimos para um futuro mais leve e positivo.

O Perdão e a Energia Sutil:

A raiva, o ressentimento e a mágoa são emoções densas que geram bloqueios energéticos em nossa aura, afetando nossa saúde física, emocional e espiritual. Quando nos recusamos a perdoar, permanecemos presos a essas energias negativas, criando um ciclo de sofrimento e limitação.

O perdão, por outro lado, libera essas energias negativas, permitindo que a energia vital flua livremente em nosso corpo e mente. Ao perdoar, nos curamos, nos libertamos e elevamos nossa vibração, criando um campo energético mais luminoso e protegido.

Benefícios do Perdão na Proteção Espiritual:

- **Liberação de Energias Negativas:** O perdão dissolve as energias densas da raiva, do ressentimento e da mágoa, limpando nossa aura e fortalecendo nosso campo energético.

- **Cura Emocional:** O perdão nos cura das feridas emocionais do passado, permitindo que nos libertemos da dor e do sofrimento.
- **Elevação da Vibração:** Ao perdoar, elevamos nossa frequência vibratória, afastando energias negativas e atraindo vibrações positivas de amor, paz e compaixão.
- **Fortalecimento da Aura:** Uma aura limpa e harmonizada é mais forte e resistente a ataques psíquicos e influências negativas.
- **Paz Interior:** O perdão nos traz paz interior, serenidade e liberdade, permitindo que vivamos com mais leveza e alegria.
- **Autoconhecimento:** O processo de perdão nos leva ao autoconhecimento, nos ajudando a compreender nossos padrões de comportamento, crenças limitantes e feridas emocionais.
- **Relacionamentos Saudáveis:** O perdão nos permite construir relacionamentos mais saudáveis, baseados no amor, na compaixão e no respeito mútuo.
- **Conexão Espiritual:** O perdão nos aproxima do divino, nos conectando com a fonte de amor incondicional e compaixão.

Perdoando a Si Mesmo e aos Outros:

O perdão é um processo que envolve perdoar a si mesmo e aos outros. Perdoar a si mesmo significa libertar-se da culpa, da autocrítica e dos erros do passado. Perdoar os outros significa libertar-se da raiva, do ressentimento e da mágoa que carregamos em relação às suas ações.

Exercícios Práticos:

1. **Carta do Perdão:** Escreva uma carta para alguém que você precisa perdoar, expressando seus sentimentos e declarando seu perdão. Não é necessário enviar a carta, o importante é o processo de escrever e liberar as emoções.
2. **Meditação do Perdão:** Sente-se confortavelmente, feche os olhos e imagine a pessoa que você precisa perdoar.

Envie-lhe amor, luz e compaixão. Repita mentalmente "Eu te perdoo" ou "Eu me perdoo".
3. **Ho'oponopono:** Repita as frases "Sinto muito, me perdoe, te amo, sou grato" para si mesmo ou para a pessoa que você precisa perdoar. Essa técnica havaiana de cura promove o perdão, a reconciliação e a limpeza energética.

O perdão é uma escolha, um ato de amor e liberdade que nos liberta do passado e nos abre para um futuro mais positivo e harmonioso. Ao praticar o perdão, você se cura, se protege e eleva sua vibração, criando uma vida mais leve, feliz e abundante.

Capítulo 41
Liberação de Traumas

Traumas são feridas emocionais profundas que resultam de experiências negativas e dolorosas, como abusos, perdas, acidentes ou violência. Essas feridas podem se alojar em nosso corpo energético, gerando bloqueios, desequilíbrios e padrões de comportamento disfuncionais que afetam nossa saúde física, emocional e espiritual.

Imagine um trauma como uma cicatriz energética que impede o fluxo harmonioso da energia vital em nosso ser. A cura energética atua como um bálsamo que suaviza essa cicatriz, liberando as energias bloqueadas e promovendo a reintegração do nosso ser.

Como os Traumas Afetam Nossa Energia:

- **Bloqueios energéticos:** Traumas podem gerar bloqueios em nossos chakras, impedindo o fluxo livre da energia vital e afetando os órgãos e sistemas correspondentes.
- **Desequilíbrios emocionais:** Traumas podem resultar em desequilíbrios emocionais, como ansiedade, depressão, medo, insegurança e dificuldade de lidar com as emoções.
- **Padrões de comportamento disfuncionais:** Traumas podem levar a padrões de comportamento disfuncionais, como vícios, compulsões, dificuldade de se relacionar ou de confiar nos outros.
- **Doenças físicas:** A energia bloqueada dos traumas pode se manifestar como doenças físicas, dores crônicas e problemas de saúde.

- **Vulnerabilidade espiritual:** Traumas podem enfraquecer nossa aura e nos tornar mais vulneráveis a influências negativas e ataques psíquicos.

Técnicas de Cura Energética para Liberação de Traumas:

- **Reiki:** O Reiki é uma técnica de cura energética que promove o equilíbrio dos chakras, a limpeza da aura e a liberação de energias bloqueadas, auxiliando na cura de traumas emocionais.
- **Cura Prânica:** A Cura Prânica utiliza o prana (energia vital) para limpar, energizar e harmonizar o corpo energético, promovendo a cura de traumas e doenças.
- **Terapia Floral:** Os florais de Bach e outros sistemas florais atuam sobre as emoções, harmonizando e equilibrando o corpo energético, auxiliando na liberação de traumas e no resgate do bem-estar emocional.
- **Constelação Familiar:** A Constelação Familiar é uma terapia que busca identificar e constelar os emaranhados energéticos que se originam em traumas familiares, permitindo a compreensão e a liberação de padrões de comportamento disfuncionais.
- **Regressão de Memória:** A Regressão de Memória, quando conduzida por um profissional experiente, pode auxiliar na identificação e liberação de traumas do passado, trazendo compreensão e cura para o presente.
- **EFT (Emotional Freedom Techniques):** A EFT é uma técnica que combina a acupuntura (sem agulhas) com afirmações positivas para liberar emoções negativas e traumas, promovendo o equilíbrio energético.
- **Meditação:** A meditação, especialmente a meditação guiada para cura de traumas, pode auxiliar na liberação de energias bloqueadas e no resgate da paz interior.
- **Visualização:** A visualização criativa pode ser utilizada para reprogramar as memórias traumáticas, substituindo as imagens e emoções negativas por imagens e emoções positivas de cura e liberdade.

O Processo de Cura Energética:
A cura energética é um processo individual que requer tempo, paciência e comprometimento. É importante buscar a orientação de um terapeuta energético experiente para te auxiliar nesse processo. O terapeuta irá avaliar seu campo energético, identificar os bloqueios e traumas, e utilizar as técnicas mais adequadas para promover a cura e o reequilíbrio do seu ser.

Exercícios Práticos:
1. **Meditação para Cura de Traumas:** Encontre uma meditação guiada para cura de traumas e pratique-a regularmente.
2. **Visualização:** Feche os olhos e visualize o trauma que você deseja liberar. Imagine que uma luz branca e radiante envolve o trauma, dissolvendo as energias negativas e trazendo cura e paz.
3. **Afirmações Positivas:** Repita afirmações positivas de cura e liberdade, como "Eu me liberto do passado e abraço o presente com amor e gratidão" ou "Eu sou forte, corajoso e capaz de superar qualquer desafio".

A cura energética é uma ferramenta poderosa para a liberação de traumas e o resgate do bem-estar integral. Ao buscar a cura energética, você se libera do peso do passado, harmoniza seu corpo energético e abre caminho para uma vida mais leve, feliz e abundante.

Capítulo 42
Reiki para Proteção e Harmonização

Reiki é uma palavra japonesa que significa "energia vital universal". É uma técnica de cura que utiliza a imposição das mãos para canalizar a energia vital universal (prana) para o corpo, mente e espírito, promovendo o equilíbrio, a harmonização e o bem-estar.

Imagine o Reiki como uma chuva suave e nutritiva que revitaliza e harmoniza todo o seu ser. A energia Reiki flui através das mãos do terapeuta, penetrando em seu corpo energético, desfazendo bloqueios, limpando a aura e fortalecendo seus chakras.

Reiki e a Proteção Espiritual:

O Reiki atua em diferentes níveis para promover a proteção espiritual:

- **Fortalecimento da Aura:** A energia Reiki fortalece a aura, tornando-a mais resistente a influências negativas e ataques psíquicos.
- **Equilíbrio dos Chakras:** O Reiki harmoniza e equilibra os chakras, promovendo o fluxo livre da energia vital e fortalecendo o sistema energético.
- **Limpeza Energética:** A energia Reiki remove energias negativas e estagnadas do corpo energético, purificando a aura e os chakras.
- **Harmonia Interior:** O Reiki promove a paz interior, a serenidade e o equilíbrio emocional, fortalecendo a conexão com o Eu Superior e com a sabedoria interior.

- **Cura Emocional:** O Reiki auxilia na cura de feridas emocionais, traumas e bloqueios energéticos que podem nos tornar vulneráveis a influências negativas.
- **Conexão Espiritual:** O Reiki fortalece a conexão com o divino, com nossos guias espirituais e com a fonte de amor e cura universal.

Benefícios do Reiki para a Proteção:
- **Aumento da Vitalidade:** O Reiki aumenta a energia vital, promovendo a saúde, o vigor e a disposição.
- **Redução do Estresse:** O Reiki promove o relaxamento profundo, reduzindo o estresse, a ansiedade e a tensão muscular.
- **Equilíbrio Emocional:** O Reiki harmoniza as emoções, promovendo a paz interior, a autoconfiança e o bem-estar emocional.
- **Fortalecimento do Sistema Imunológico:** O Reiki fortalece o sistema imunológico, aumentando a resistência a doenças.
- **Aceleração da Cura:** O Reiki acelera o processo de cura de ferimentos, doenças e desequilíbrios energéticos.
- **Desenvolvimento da Intuição:** O Reiki desperta e fortalece a intuição, nos tornando mais sensíveis às energias sutis e à orientação dos nossos guias espirituais.

Como Receber Reiki:

O Reiki pode ser aplicado por um terapeuta reikiano através da imposição das mãos sobre o corpo do receptor. Durante a sessão de Reiki, o receptor permanece deitado ou sentado confortavelmente, enquanto o terapeuta coloca suas mãos sobre os chakras e outras áreas do corpo, canalizando a energia Reiki.

Autoaplicação de Reiki:

Após receber o nível 1 de Reiki, você pode aprender a aplicar Reiki em si mesmo. A autoaplicação de Reiki é uma ferramenta poderosa para a manutenção da saúde energética, o equilíbrio dos chakras e a proteção espiritual.

Exercícios Práticos:

1. **Encontre um Terapeuta Reikiano:** Se você deseja receber Reiki, procure um terapeuta reikiano experiente e qualificado.
2. **Aprenda Reiki:** Se você se sente chamado a aprender Reiki, procure um curso com um mestre reikiano qualificado.
3. **Autoaplicação de Reiki:** Se você já é reikiano, pratique a autoaplicação de Reiki diariamente para fortalecer sua aura, equilibrar seus chakras e promover sua proteção espiritual.

O Reiki é uma técnica de cura poderosa que promove o equilíbrio energético, a harmonização dos chakras e o fortalecimento da aura. Ao receber ou aplicar Reiki, você se conecta com a energia vital universal, promovendo a cura, a proteção e o bem-estar em todos os níveis do seu ser.

Capítulo 43
Cromoterapia para Equilíbrio e Proteção Áurica

A cromoterapia é uma técnica terapêutica que utiliza as cores para promover o equilíbrio e a harmonia do corpo, mente e espírito. Cada cor possui uma vibração energética específica que atua sobre nossos chakras, nossas emoções e nosso campo energético.

Imagine as cores como raios de luz que penetram em sua aura, limpando, energizando e equilibrando suas energias. A cromoterapia é como uma sinfonia de cores que harmoniza e revitaliza todo o seu ser.

Cores e a Aura:
A aura, como já vimos, é um campo energético que envolve nosso corpo físico, refletindo nossa saúde e estado emocional. As cores da aura podem variar de acordo com nosso estado de espírito, nossas emoções e nosso nível de energia. A cromoterapia utiliza as cores para equilibrar e harmonizar a aura, promovendo a saúde, o bem-estar e a proteção espiritual.

Cores e seus Efeitos na Proteção Áurica:
- **Violeta:** A cor violeta está associada ao chakra coronário, à espiritualidade e à conexão com o divino. Ela promove a purificação, a transmutação de energias negativas e a elevação da vibração.
- **Índigo:** A cor índigo está associada ao chakra frontal, à intuição e à sabedoria interior. Ela promove a clareza mental, o discernimento e a proteção psíquica.
- **Azul:** A cor azul está associada ao chakra laríngeo, à comunicação e à expressão. Ela promove a paz, a

tranquilidade, a cura e a proteção contra energias negativas.
- **Verde:** A cor verde está associada ao chakra cardíaco, ao amor e à compaixão. Ela promove a cura emocional, o equilíbrio e a proteção do coração.
- **Amarelo:** A cor amarela está associada ao chakra plexo solar, à força de vontade e ao poder pessoal. Ela promove a autoconfiança, a vitalidade e a proteção contra energias negativas.
- **Laranja:** A cor laranja está associada ao chakra sacral, à criatividade e à sexualidade. Ela promove a alegria, o entusiasmo, a vitalidade e a proteção emocional.
- **Vermelho:** A cor vermelha está associada ao chakra raiz, à vitalidade física e à conexão com a Terra. Ela promove a energia, a força, a coragem e a proteção contra energias densas.

Técnicas de Cromoterapia para Proteção:
- **Visualização:** Visualize a cor que você deseja utilizar envolvendo seu corpo, formando um escudo protetor. Imagine essa cor vibrante e luminosa, repelindo qualquer energia negativa.
- **Meditação com Cores:** Medite visualizando a cor que você deseja utilizar, concentrando-se em sua vibração e em seus efeitos benéficos.
- **Roupas:** Use roupas com a cor que você deseja utilizar para se beneficiar de sua energia protetora.
- **Cristais:** Utilize cristais que correspondem à cor que você deseja utilizar para amplificar seus efeitos.
- **Ambiente:** Decore seu ambiente com a cor que você deseja utilizar para criar uma atmosfera de proteção e harmonia.
- **Luz colorida:** Utilize lâmpadas coloridas ou filtros de luz para banhar seu corpo com a cor que você deseja utilizar.
- **Banhos de Cromoterapia:** Adicione corantes naturais à água do seu banho para se beneficiar da energia da cor.

Exercícios Práticos:

1. **Visualização do Escudo de Luz:** Feche os olhos e visualize uma luz azul envolvendo seu corpo, formando um escudo protetor que repele qualquer energia negativa.
2. **Meditação com a Cor Verde:** Sente-se confortavelmente, feche os olhos e visualize a cor verde envolvendo seu coração, trazendo cura emocional e proteção.
3. **Uso de Cristais:** Utilize um cristal de ametista (violeta) para promover a purificação e a proteção espiritual.

A cromoterapia é uma ferramenta poderosa para equilibrar e proteger sua aura. Ao utilizar as cores com consciência e intenção, você harmoniza seu campo energético, eleva sua vibração e cria um escudo protetor contra influências negativas.

Capítulo 44
Feng Shui para Harmonização e Proteção do Lar

Feng Shui, que significa "vento e água", é uma prática chinesa que estuda a influência do ambiente sobre o fluxo de energia vital (Chi) e como essa energia afeta nossa vida. O Feng Shui busca harmonizar o ambiente para promover a saúde, o bem-estar, a prosperidade e a harmonia dos moradores.

Imagine o Chi como um rio que percorre sua casa, trazendo vitalidade e abundância. O Feng Shui atua como um guia que nos ensina a remover os obstáculos que bloqueiam o fluxo do Chi, permitindo que a energia vital circule livremente por todos os cômodos, nutrindo e harmonizando o ambiente.

Feng Shui e a Proteção Espiritual:

O Feng Shui contribui para a proteção espiritual do lar de diversas maneiras:

- **Harmonia do Chi:** Ao harmonizar o fluxo de Chi em sua casa, você cria um ambiente equilibrado e protegido de energias negativas.
- **Limpeza Energética:** O Feng Shui nos ensina a eliminar a desordem, a sujeira e os objetos que acumulam energias negativas, purificando o ambiente e elevando sua vibração.
- **Posicionamento dos Móveis:** A posição dos móveis, portas e janelas influencia o fluxo de Chi e pode criar áreas de proteção ou de estagnação energética.
- **Cores e Elementos:** O uso equilibrado das cores e dos cinco elementos (madeira, fogo, terra, metal e água) harmoniza o ambiente e fortalece a energia protetora do lar.

- **Proteção da Entrada:** A porta de entrada é considerada a "boca do Chi", por onde a energia vital entra em sua casa. O Feng Shui nos ensina a proteger a entrada, evitando o acúmulo de energias negativas e atraindo boas vibrações.
- **Jardim e Plantas:** O jardim e as plantas trazem a energia vital da natureza para dentro de casa, purificando o ar, elevando a vibração e criando um ambiente mais harmonioso e protegido.

Princípios Básicos do Feng Shui para Proteção:

- **Limpeza e Organização:** Mantenha sua casa limpa, organizada e livre de desordem. A desordem bloqueia o fluxo de Chi e acumula energias negativas.
- **Porta de Entrada:** Mantenha a porta de entrada limpa, bem iluminada e livre de obstáculos. Decore a entrada com elementos que atraem prosperidade e proteção, como plantas, flores ou um sino de vento.
- **Cores:** Utilize cores que promovem a harmonia e a proteção, como o azul, o verde e o branco. Evite o excesso de cores vibrantes e estimulantes, como o vermelho e o laranja, principalmente em áreas de descanso.
- **Espelhos:** Utilize espelhos com cuidado, pois eles podem refletir e amplificar as energias, sejam elas positivas ou negativas. Evite colocar espelhos de frente para a porta de entrada ou para a cama.
- **Quarto de Dormir:** O quarto de dormir deve ser um ambiente tranquilo e relaxante, propício ao descanso e à restauração das energias. Evite colocar aparelhos eletrônicos no quarto e posicione a cama de forma que você possa ver a porta.
- **Sala de Estar:** A sala de estar deve ser um ambiente acolhedor e convidativo, propício à convivência e ao relaxamento. Posicione os móveis de forma a criar um fluxo de Chi harmonioso e evite o acúmulo de objetos.
- **Cozinha:** A cozinha é um ambiente de prosperidade e abundância. Mantenha-a limpa, organizada e bem

iluminada. Evite colocar o fogão de frente para a pia ou para a porta.
- **Banheiro:** O banheiro é um ambiente que drena energias. Mantenha-o limpo, arejado e com a porta sempre fechada.

Exercícios Práticos:
1. **Limpeza da Casa:** Faça uma limpeza energética completa em sua casa, desfazendo-se de objetos que você não usa mais, limpando a desordem e purificando o ambiente com defumação ou spray de ambiente.
2. **Proteção da Entrada:** Decore a entrada da sua casa com plantas, flores ou um sino de vento para atrair boas energias e proteção.
3. **Harmonia do Quarto:** Organize seu quarto de dormir de acordo com os princípios do Feng Shui, criando um ambiente tranquilo e relaxante.

O Feng Shui é uma arte milenar que nos ensina a harmonizar o ambiente para promover o bem-estar, a prosperidade e a proteção espiritual. Ao aplicar os princípios do Feng Shui em seu lar, você cria um ambiente equilibrado, harmonioso e protegido, onde a energia vital flui livremente, trazendo saúde, paz e abundância para sua vida.

Capítulo 45
Radiestesia para Identificar Energias Negativas

Radiestesia é a ciência que estuda as radiações emitidas por diferentes corpos e sua interação com a sensibilidade humana. Através de instrumentos como o pêndulo e a varetas radiestésicas, o radiestesista pode captar as vibrações energéticas e obter informações sobre a qualidade da energia presente em pessoas, objetos, ambientes e até mesmo em alimentos.

Imagine o radiestesista como um detector de energias sutis, capaz de perceber as vibrações que nossos sentidos comuns não conseguem captar. Com o auxílio do pêndulo ou das varetas, o radiestesista pode identificar a presença de energias negativas, desequilíbrios energéticos e até mesmo a influência de entidades espirituais.

Radiestesia e a Proteção Espiritual:

A radiestesia é uma ferramenta valiosa para a proteção espiritual, pois nos permite:

- **Identificar energias negativas:** O pêndulo e as varetas radiestésicas podem ser utilizados para identificar a presença de energias negativas em pessoas, objetos e ambientes.
- **Avaliar a aura:** A radiestesia pode ser utilizada para avaliar a vitalidade da aura, identificando possíveis falhas, bloqueios ou energias negativas que precisam ser limpas.
- **Analisar os chakras:** O pêndulo pode ser utilizado para analisar o estado energético dos chakras, identificando quais chakras estão desequilibrados ou com fluxo de energia bloqueado.

- **Detectar influências espirituais:** A radiestesia pode auxiliar na detecção de influências espirituais negativas, como obsessores ou energias densas presentes em um ambiente.
- **Escolher objetos de proteção:** O pêndulo pode ser utilizado para testar a compatibilidade energética de cristais, amuletos e outros objetos de proteção, verificando se eles são adequados para você ou para o ambiente.
- **Avaliar a energia de alimentos:** A radiestesia pode ser utilizada para avaliar a qualidade energética dos alimentos, identificando aqueles que são mais nutritivos e benéficos para a saúde.
- **Harmonizar ambientes:** A radiestesia pode auxiliar na harmonização de ambientes, identificando os melhores locais para posicionar móveis, objetos e plantas, de acordo com o fluxo de energia vital.

Como Utilizar o Pêndulo para Identificar Energias Negativas:

1. **Escolha um pêndulo:** Existem diferentes tipos de pêndulos, feitos de cristais, madeira ou metal. Escolha um pêndulo que ressoe com você e com o qual você se sinta confortável.
2. **Limpeza e energização:** Antes de usar o pêndulo, limpe-o energeticamente com água corrente, sal grosso ou defumação. Em seguida, energize-o com a luz do sol ou da lua.
3. **Programe o pêndulo:** Segure o pêndulo em sua mão dominante e defina mentalmente o significado dos seus movimentos. Por exemplo, você pode definir que o movimento horário significa "sim" ou "positivo", e o movimento anti-horário significa "não" ou "negativo".
4. **Faça perguntas:** Faça perguntas claras e objetivas ao pêndulo, como "Essa pessoa está com a aura carregada?" ou "Esse objeto possui energias negativas?".

5. **Observe o movimento:** Observe o movimento do pêndulo e interprete sua resposta de acordo com a programação que você definiu.

Exercícios Práticos:
1. **Teste de Energia:** Segure o pêndulo sobre sua mão não dominante e pergunte "Minha energia está equilibrada?". Observe o movimento do pêndulo e interprete a resposta.
2. **Análise de Objetos:** Segure o pêndulo sobre um objeto, como um cristal ou um livro, e pergunte "Esse objeto possui energias positivas?". Observe o movimento do pêndulo.
3. **Avaliação de Ambiente:** Percorra os cômodos da sua casa com o pêndulo, perguntando "Esse ambiente está harmonizado?". Observe o movimento do pêndulo e identifique possíveis áreas com energias negativas.

A radiestesia é uma ferramenta poderosa para identificar energias negativas e promover a proteção espiritual. Ao aprender a utilizar o pêndulo ou as varetas radiestésicas, você desenvolve sua sensibilidade energética e se torna capaz de perceber as vibrações sutis do ambiente e das pessoas ao seu redor, contribuindo para uma vida mais harmoniosa, equilibrada e protegida.

Capítulo 46
Hábitos Diários para Manter a Proteção

A proteção espiritual não se resume a práticas isoladas, mas sim a um estilo de vida que cultiva a positividade, a consciência e a conexão com o divino. Ao incorporarmos hábitos diários que elevam nossa vibração e fortalecem nossa aura, criamos um escudo protetor que nos acompanha em todos os momentos.

Imagine a proteção espiritual como um jardim que precisa ser cuidado diariamente para florescer. Assim como regamos as plantas, podamos os galhos secos e adubamos a terra, precisamos nutrir nossa energia, limpar nossa aura e fortalecer nossa conexão espiritual todos os dias.

Hábitos Diários para Manter a Proteção:
- **Comece o dia com gratidão:** Ao acordar, agradeça por mais um dia de vida, pelas bênçãos que você já possui e pelas oportunidades que o aguardam. A gratidão eleva sua vibração e atrai energias positivas.
- **Conecte-se com o divino:** Dedique alguns minutos pela manhã para se conectar com o divino, seja através da oração, da meditação ou da leitura de textos sagrados. Essa conexão fortalece sua espiritualidade e te coloca em sintonia com as forças superiores.
- **Proteja sua aura:** Visualize-se envolto em uma luz branca e protetora, imaginando que essa luz o blinda de qualquer energia negativa. Repita afirmações positivas de proteção, como "Estou protegido por uma luz divina" ou "Minha aura é forte e radiante".

- **Cultive pensamentos positivos:** Preste atenção aos seus pensamentos e substitua os pensamentos negativos por pensamentos positivos e construtivos. Nossos pensamentos criam nossa realidade, portanto, cultive a positividade para atrair experiências positivas.
- **Pratique a respiração consciente:** Ao longo do dia, reserve alguns momentos para respirar profundamente e conscientemente. A respiração consciente acalma a mente, reduz o estresse e harmoniza as energias.
- **Alimente-se com consciência:** Escolha alimentos saudáveis e nutritivos que fortalecem seu corpo físico e energético. Evite alimentos processados, industrializados e com aditivos químicos, que podem drenar sua energia.
- **Beba água:** Mantenha-se hidratado bebendo água ao longo do dia. A água purifica o corpo e auxilia na circulação da energia vital.
- **Movimente-se:** Pratique atividades físicas regularmente, como caminhadas, yoga ou dança. O movimento físico libera energias estagnadas, fortalece o corpo e eleva a vibração.
- **Conecte-se com a natureza:** Reserve um tempo para se conectar com a natureza, seja caminhando em um parque, cuidando de plantas ou contemplando o céu. A natureza é uma fonte de energia vital que recarrega e harmoniza nosso ser.
- **Cultive bons relacionamentos:** Cerque-se de pessoas positivas e que te inspiram. Evite relacionamentos tóxicos e situações que te desgastam energeticamente.
- **Pratique a gratidão:** Ao final do dia, agradeça pelas bênçãos que você recebeu, pelos aprendizados e pelas experiências positivas. A gratidão te coloca em sintonia com a abundância do universo.
- **Limpeza energética:** Realize limpezas energéticas regulares, como banhos de ervas ou defumação, para remover energias negativas que você possa ter acumulado ao longo do dia.

- **Durma bem:** Tenha uma boa noite de sono para que seu corpo e mente possam se recuperar e recarregar as energias. Crie um ambiente relaxante para dormir, evitando o uso de eletrônicos antes de deitar.

Exercícios Práticos:
1. **Diário da Gratidão:** Mantenha um diário da gratidão, anotando diariamente tudo aquilo pelo que você é grato.
2. **Respiração Consciente:** Pratique a respiração diafragmática por alguns minutos, concentrando-se na expansão e contração do seu abdômen.
3. **Banho de Ervas:** Tome um banho relaxante com ervas como lavanda ou camomila antes de dormir.

A proteção espiritual é um processo contínuo que se fortalece com a prática diária de hábitos que elevam sua vibração, harmonizam sua energia e te conectam com o divino. Ao incorporar esses hábitos em seu dia a dia, você cria um escudo protetor que o acompanha em todos os momentos, promovendo uma vida mais equilibrada, harmoniosa e abundante.

Capítulo 47
Criando um Estilo de Vida Positivo

Um estilo de vida positivo é como um rio que flui em direção ao oceano da felicidade, carregando consigo energias de alegria, gratidão, amor e realização. É uma escolha consciente de cultivar pensamentos, emoções e hábitos que nutrem nossa alma, fortalecem nossa aura e nos conectam com a fonte inesgotável de bem-estar que reside em nosso interior.

Criar um estilo de vida positivo é como construir uma casa sólida e aconchegante, com alicerces firmes em valores como amor, compaixão, generosidade e gratidão. É um processo que envolve a transformação de hábitos, a reprogramação de crenças limitantes e o cultivo de uma mentalidade positiva e empoderadora.

Pilares de um Estilo de Vida Positivo:

- **Cultivo do Amor:** O amor é a força mais poderosa do universo, capaz de curar, transformar e proteger. Cultive o amor em todas as suas formas: amor próprio, amor ao próximo, amor à natureza, amor à vida.
- **Pensamentos Positivos:** Seus pensamentos criam sua realidade. Cultive pensamentos positivos, construtivos e empoderadores. Substitua os pensamentos negativos por afirmações positivas que te inspirem e te motivem.
- **Emoções Equilibradas:** Aprenda a lidar com suas emoções de forma saudável e equilibrada. Expresse suas emoções de forma autêntica, mas evite se deixar levar por emoções negativas como raiva, medo ou tristeza.
- **Hábitos Saudáveis:** Adote hábitos saudáveis que nutrem seu corpo físico e energético, como uma alimentação

equilibrada, exercícios físicos regulares, sono reparador e contato com a natureza.
- **Relacionamentos Nutritivos:** Cultive relacionamentos saudáveis e positivos com pessoas que te apoiam, te inspiram e te fazem bem. Afaste-se de relacionamentos tóxicos e pessoas que te desgastam energeticamente.
- **Propósito de Vida:** Encontre seu propósito de vida, aquilo que te motiva e te faz sentir realizado. Viver com propósito te dá direção, sentido e energia para seguir em frente.
- **Espiritualidade:** Conecte-se com sua espiritualidade, seja através da oração, da meditação, do estudo de textos sagrados ou da prática de sua fé. A espiritualidade te conecta com algo maior que você mesmo, te proporcionando paz interior, orientação e proteção.
- **Crescimento Pessoal:** Invista em seu crescimento pessoal, buscando conhecimento, aprendendo novas habilidades e se desafiando a sair da sua zona de conforto. O crescimento pessoal te fortalece, te empodera e te abre para novas possibilidades.
- **Gratidão:** Cultive a gratidão por todas as bênçãos em sua vida, pelas pequenas alegrias do cotidiano e pelas grandes conquistas. A gratidão te coloca em sintonia com a abundância do universo e atrai mais prosperidade e felicidade para sua vida.

Criando seu Estilo de Vida Positivo:
- **Autoconhecimento:** Comece pelo autoconhecimento, identificando seus valores, crenças, hábitos e padrões de comportamento.
- **Defina seus objetivos:** Defina seus objetivos de vida, aquilo que você realmente deseja alcançar em cada área da sua vida.
- **Crie um plano de ação:** Elabore um plano de ação com passos específicos para alcançar seus objetivos, incluindo a mudança de hábitos, a reprogramação de crenças e o cultivo de uma mentalidade positiva.

- **Celebre suas conquistas:** Reconheça e celebre suas conquistas, por menores que sejam. A celebração te motiva e te impulsiona a seguir em frente.
- **Seja paciente e persistente:** Criar um estilo de vida positivo é um processo gradual que requer tempo, paciência e persistência. Não desanime diante dos desafios, persista em seus objetivos e celebre cada passo dado.

Exercícios Práticos:
1. **Lista de Gratidão:** Escreva uma lista de tudo aquilo pelo que você é grato em sua vida.
2. **Afirmações Positivas:** Crie afirmações positivas que te inspirem e te motivem, e repita-as diariamente com convicção.
3. **Plano de Ação:** Elabore um plano de ação com passos específicos para criar um estilo de vida mais positivo em uma área da sua vida que você deseja melhorar.

Criar um estilo de vida positivo é uma escolha consciente que te empodera a construir uma vida mais feliz, harmoniosa e abundante. Ao cultivar hábitos saudáveis, pensamentos positivos e uma mentalidade empoderadora, você fortalece sua proteção espiritual, eleva sua vibração e atrai o bem-estar em todas as áreas da sua vida.

Capítulo 48
Autoconhecimento na Proteção Espiritual

Autoconhecimento é a capacidade de se reconhecer, de compreender suas emoções, pensamentos, crenças, valores e motivações. É como se olhássemos para dentro de nós mesmos com compaixão e curiosidade, buscando desvendar os mistérios do nosso ser e aceitando nossa luz e sombra com igualdade.

Imagine o autoconhecimento como um mapa que te guia pelas paisagens da sua alma, revelando seus tesouros escondidos, seus desafios e suas potencialidades. Quanto mais nos conhecemos, mais conscientes nos tornamos de nossas forças e fraquezas, e mais capacitados estamos para navegar pelas correntes da vida com sabedoria e equilíbrio.

Autoconhecimento e Proteção Espiritual:

O autoconhecimento é fundamental para a proteção espiritual, pois nos permite:

- **Identificar Vulnerabilidades:** Ao nos conhecermos profundamente, podemos identificar nossas vulnerabilidades energéticas, padrões de comportamento que nos predispõem a ataques psíquicos e crenças limitantes que nos impedem de manifestar nosso poder pessoal.
- **Fortalecer a Aura:** O autoconhecimento nos ajuda a identificar e libertar emoções negativas, traumas e bloqueios energéticos que enfraquecem nossa aura, permitindo que ela se torne mais forte e resistente a influências externas.
- **Elevar a Vibração:** Ao nos conhecermos e aceitarmos nossa luz e sombra, elevamos nossa vibração energética,

afastando energias negativas e atraindo vibrações mais elevadas de amor, paz e harmonia.
- **Desenvolver a Intuição:** O autoconhecimento nos conecta com nossa sabedoria interior e fortalece nossa intuição, nos permitindo discernir energias negativas, tomar decisões mais sábias e nos proteger de situações que podem nos prejudicar.
- **Conectar com o Eu Superior:** O autoconhecimento nos conduz à conexão com nosso Eu Superior, com nossa essência divina e com a fonte de sabedoria e proteção que reside em nosso interior.
- **Criar Limites Saudáveis:** Ao nos conhecermos e valorizarmos, nos tornamos capazes de criar limites saudáveis em nossos relacionamentos, protegendo nossa energia e bem-estar.
- **Escolher Melhores Caminhos:** O autoconhecimento nos ajuda a fazer escolhas mais alinhadas com nossos valores e propósitos de vida, nos conduzindo a caminhos mais seguros e positivos.

Ferramentas para o Autoconhecimento:
- **Meditação:** A meditação nos permite aquietar a mente, observar nossos pensamentos e emoções sem julgamento e acessar nossa sabedoria interior.
- **Introspecção:** Reserve um tempo para refletir sobre suas experiências, seus sentimentos, seus comportamentos e suas motivações. Pergunte-se "quem eu sou?", "o que eu quero?", "quais são meus valores?".
- **Diário:** Escreva em um diário seus pensamentos, emoções, sonhos e reflexões. O diário é uma ferramenta poderosa para o autoconhecimento e o processamento de emoções.
- **Terapia:** A terapia com um profissional qualificado pode te auxiliar a se conhecer melhor, a identificar padrões de comportamento disfuncionais e a superar traumas e bloqueios emocionais.

- **Leitura:** Leia livros, artigos e textos que te inspirem a se conhecer melhor e a se desenvolver como pessoa.
- **Feedback:** Peça feedback para pessoas de confiança sobre como elas te percebem e quais são seus pontos fortes e fracos.
- **Viagens:** Viajar para novos lugares, conhecer diferentes culturas e se conectar com a natureza pode te proporcionar novas perspectivas sobre si mesmo e sobre o mundo.

Exercícios Práticos:
1. **Meditação da Auto Observação:** Sente-se confortavelmente, feche os olhos e observe seus pensamentos e emoções sem julgamento. Pergunte-se "quem eu sou?" e se abra para as respostas que surgem em seu interior.
2. **Escrita do Eu:** Escreva um texto sobre si mesmo, descrevendo suas qualidades, seus defeitos, seus sonhos e seus medos. Seja honesto e autêntico em sua escrita.
3. **Análise de Padrões:** Reflita sobre seus relacionamentos e situações que se repetem em sua vida. Identifique os padrões de comportamento que te levam a esses resultados e busque transformá-los.

O autoconhecimento é uma jornada que dura a vida toda. Ao se dedicar a se conhecer cada vez mais profundamente, você fortalece sua proteção espiritual, eleva sua vibração e cria uma vida mais autêntica, consciente e plena.

Capítulo 49
Lidando com Desafios e Obstáculos

A vida é uma jornada repleta de altos e baixos, momentos de alegria e momentos de dificuldade. Desafios e obstáculos são como pedras no caminho, que podem nos fazer tropeçar, nos desviar da rota ou nos fortalecer e nos impulsionar para frente.

Imagine a vida como uma escalada em uma montanha. Haverá momentos em que a subida será íngreme e desafiadora, com obstáculos a serem superados. No entanto, a cada passo dado, a cada obstáculo vencido, nos tornamos mais fortes, mais experientes e mais próximos do topo.

Desafios e Obstáculos como Oportunidades de Crescimento:

- **Aprendizado:** Cada desafio e obstáculo nos traz aprendizados valiosos, nos mostrando nossos limites, nossas potencialidades e as áreas em que precisamos crescer e evoluir.
- **Fortalecimento:** Ao superarmos desafios, nos tornamos mais fortes, mais resilientes e mais confiantes em nossa capacidade de lidar com as adversidades da vida.
- **Autoconhecimento:** Os desafios nos levam a olhar para dentro de nós mesmos, a questionar nossas crenças, a rever nossos valores e a buscar novas formas de agir e pensar.
- **Evolução Espiritual:** Os obstáculos nos impulsionam em direção à evolução espiritual, nos mostrando a importância da fé, da perseverança e da conexão com o divino.

- **Transformação:** A superação de desafios nos transforma, nos molda e nos lapida, nos tornando pessoas mais sábias, compassivas e resilientes.

Estratégias para Lidar com Desafios e Obstáculos:

- **Mantenha a calma:** Em momentos de dificuldade, é fundamental manter a calma e o equilíbrio emocional. Respire profundamente, busque se conectar com seu centro e evite tomar decisões impulsivas.
- **Analise a situação:** Analise o desafio com clareza e objetividade, identificando as causas, as possíveis soluções e os aprendizados que você pode extrair da situação.
- **Busque apoio:** Não hesite em buscar apoio de pessoas de confiança, como amigos, familiares ou profissionais. Compartilhar suas dificuldades e pedir ajuda pode te fortalecer e te mostrar novas perspectivas.
- **Confie em sua intuição:** Ouça sua voz interior, sua intuição, que pode te guiar em direção às melhores escolhas e soluções.
- **Mantenha a fé:** Cultive a fé em si mesmo, em seus guias espirituais e no poder do universo. A fé te dá força e esperança para superar os desafios.
- **Visualize a superação:** Utilize a visualização criativa para imaginar a superação do desafio, sentindo as emoções positivas de vitória e realização.
- **Afirmações Positivas:** Repita afirmações positivas que te empoderem e te fortaleçam, como "Eu sou forte e capaz de superar qualquer desafio" ou "A cada obstáculo, eu me torno mais forte e mais sábio".
- **Flexibilidade:** Seja flexível e esteja aberto a mudanças de planos e novas possibilidades. Nem sempre o caminho que planejamos é o melhor caminho a seguir.
- **Perseverança:** Não desista diante dos desafios. Persistência, determinação e foco são essenciais para alcançar seus objetivos.

- **Aprendizado:** Extraia aprendizados de cada desafio e obstáculo que você enfrenta. Cada experiência, por mais difícil que seja, te oferece a oportunidade de crescer e evoluir.

Exercícios Práticos:
1. **Análise de um Desafio:** Escolha um desafio que você está enfrentando no momento e analise-o com profundidade. Identifique as causas, as possíveis soluções e os aprendizados que você pode extrair dessa situação.
2. **Visualização da Superação:** Feche os olhos e visualize-se superando o desafio com sucesso. Sinta as emoções positivas de vitória, alívio e gratidão.
3. **Afirmações Positivas:** Crie afirmações positivas que te empoderem a superar o desafio e repita-as diariamente com convicção.

Os desafios e obstáculos são parte integrante da jornada da vida. Ao enfrentá-los com coragem, resiliência e uma mentalidade positiva, você se fortalece, cresce e evolui, transformando cada obstáculo em uma oportunidade de aprendizado e superação.

Capítulo 50
Confiando em sua Força Interior

A força interior é a essência da nossa alma, a centelha divina que reside em cada um de nós. É a fonte de coragem, resiliência, sabedoria e amor que nos impulsiona a superar desafios, a perseguir nossos sonhos e a viver com autenticidade.

Imagine a força interior como uma chama que arde em seu coração, iluminando seu caminho e te guiando em meio à escuridão. É uma força inesgotável que te sustenta nos momentos difíceis, te inspira a seguir em frente e te conecta com a fonte de poder que reside em seu interior.

A Força Interior e a Proteção Espiritual:

A força interior é um escudo energético poderoso que te protege de influências negativas, te dá coragem para enfrentar desafios e te mantém firme em seus propósitos. Quando confiamos em nossa força interior, nos tornamos inabaláveis diante das adversidades, confiantes em nossa capacidade de superação e conectados com a fonte de sabedoria e proteção que reside em nosso interior.

Como Acessar e Fortalecer sua Força Interior:

- **Autoconhecimento:** O autoconhecimento é a chave para acessar sua força interior. Ao se conhecer profundamente, você reconhece seus talentos, seus valores, suas paixões e sua missão de vida, o que te empodera e te dá força para seguir em frente.
- **Meditação:** A meditação te conecta com seu Eu Interior, com a essência da sua alma e com a fonte de paz e sabedoria que reside em você.

- **Conexão com a Natureza:** Passe tempo em contato com a natureza, seja caminhando em uma floresta, contemplando o mar ou cuidando de um jardim. A natureza te reconecta com a fonte de vida e te energiza com sua força vital.
- **Prática de Exercícios Físicos:** Os exercícios físicos fortalecem o corpo e a mente, aumentam a energia vital e te dão mais disposição e vitalidade.
- **Alimentação Saudável:** Uma alimentação saudável e equilibrada nutre seu corpo e mente, te dando mais energia e vitalidade para enfrentar os desafios.
- **Superação de Desafios:** A cada desafio superado, sua força interior se expande. Não tenha medo de enfrentar seus medos e de sair da sua zona de conforto.
- **Afirmações Positivas:** Repita afirmações positivas que te empoderem e te lembrem da sua força interior, como "Eu sou forte e corajoso", "Eu confio em minha força interior" ou "Eu sou capaz de superar qualquer obstáculo".
- **Visualização:** Visualize-se como uma pessoa forte, confiante e segura de si. Imagine-se superando desafios com coragem e determinação.
- **Inspiração:** Busque inspiração em pessoas que admira, em histórias de superação e em ensinamentos espirituais. A inspiração te motiva e te conecta com a força interior da humanidade.
- **Gratidão:** Cultive a gratidão pelas bênçãos em sua vida, pelas suas conquistas e pelos aprendizados que te fizeram mais forte.
- **Perdão:** Libere o peso do passado, perdoando a si mesmo e aos outros. O perdão te libera de energias negativas e te permite seguir em frente com mais leveza.

Exercícios Práticos:
1. **Meditação da Força Interior:** Sente-se confortavelmente, feche os olhos e respire profundamente. Visualize uma luz dourada emanando do seu coração,

preenchendo todo o seu corpo com força e coragem. Repita mentalmente: "Eu confio em minha força interior".
2. **Lista de Conquistas:** Escreva uma lista de todas as suas conquistas, por menores que sejam. Relembre os desafios que você superou e reconheça sua força e capacidade de resiliência.
3. **Afirmações de Poder Pessoal:** Crie afirmações positivas que te empoderem e te lembrem da sua força interior. Repita-as diariamente com convicção e emoção.

A força interior é um recurso inesgotável que reside em você. Ao confiar em sua força interior, você se torna capaz de superar qualquer desafio, realizar seus sonhos e viver com autenticidade, coragem e plenitude.

Capítulo 51
A Evolução Espiritual Contínua

A evolução espiritual é uma jornada que se desenrola ao longo de inúmeras vidas, nos conduzindo em direção à luz, à sabedoria e ao amor incondicional. É um processo de despertar da consciência, de reconexão com nossa essência divina e de integração com o universo.

Imagine a evolução espiritual como uma espiral ascendente, que nos eleva a patamares cada vez mais elevados de consciência, compreensão e amor. A cada volta da espiral, nos deparamos com novos desafios, aprendemos novas lições e nos aproximamos da plenitude do nosso ser.

A Evolução Espiritual e a Proteção:

A evolução espiritual nos fortalece e nos protege, pois nos permite:

- **Elevar a Vibração:** À medida que evoluímos espiritualmente, nossa vibração energética se eleva, afastando energias negativas e atraindo vibrações mais elevadas de amor, paz e harmonia.
- **Fortalecer a Aura:** A evolução espiritual fortalece nossa aura, tornando-a mais resistente a ataques psíquicos e influências negativas.
- **Desenvolver a Intuição:** A intuição se fortalece com a evolução espiritual, nos guiando em direção a escolhas mais sábias e nos protegendo de situações que podem nos prejudicar.
- **Conectar com Guias Espirituais:** A conexão com nossos guias espirituais se intensifica com a evolução espiritual,

nos proporcionando proteção, orientação e apoio em nossa jornada.
- **Acessar a Sabedoria Interior:** A evolução espiritual nos permite acessar a sabedoria interior, a fonte de conhecimento e orientação que reside em nosso interior.
- **Viver com Propósito:** A evolução espiritual nos ajuda a encontrar nosso propósito de vida e a viver com mais significado e realização.
- **Cultivar o Amor Incondicional:** O amor incondicional é a essência da evolução espiritual. Ao amarmos a nós mesmos e ao próximo sem condições, criamos um escudo de proteção e elevamos nossa vibração.

Princípios da Evolução Espiritual:
- **Autoconhecimento:** A jornada da evolução espiritual começa com o autoconhecimento, com a compreensão de quem somos, de onde viemos e para onde vamos.
- **Aprendizado:** A vida é uma escola, e cada experiência, cada desafio, cada encontro é uma oportunidade de aprendizado e crescimento.
- **Responsabilidade:** Assuma a responsabilidade por seus pensamentos, emoções e ações. Você é o criador da sua realidade e tem o poder de escolher o caminho que deseja seguir.
- **Compaixão:** Cultive a compaixão por si mesmo e por todos os seres. A compaixão abre o coração, cura as feridas e eleva a alma.
- **Perdão:** Libere o peso do passado, perdoando a si mesmo e aos outros. O perdão quebra as correntes do ressentimento e te libera para seguir em frente.
- **Gratidão:** Cultive a gratidão por todas as bênçãos em sua vida, por cada momento, por cada experiência. A gratidão abre o coração para a abundância do universo.
- **Serviço ao Próximo:** Dedique-se ao serviço ao próximo, compartilhando seus dons e talentos para contribuir para um mundo melhor. O serviço ao próximo te conecta com o amor incondicional e eleva sua alma.

Exercícios Práticos:
1. **Meditação da Espiral:** Sente-se confortavelmente, feche os olhos e visualize uma espiral de luz ascendente. Imagine que você está subindo essa espiral, elevando sua consciência e se conectando com a fonte divina.
2. **Reflexão:** Reflita sobre os aprendizados que você teve ao longo da sua vida, os desafios que superou e as transformações que experienciou. Reconheça sua jornada de evolução e celebre cada passo dado.
3. **Prática da Compaixão:** Dedique um tempo para enviar amor e compaixão para si mesmo, para seus entes queridos e para todos os seres.

A evolução espiritual é uma jornada infinita de aprendizado, crescimento e transformação. Ao se dedicar à sua evolução espiritual, você fortalece sua proteção energética, eleva sua vibração e se aproxima da plenitude do seu ser, criando uma vida mais consciente, harmoniosa e abundante.

Capítulo 52
Servindo ao Próximo com Amor e Compaixão

Servir ao próximo é oferecer nossa energia, nossos talentos e nosso tempo para auxiliar aqueles que precisam, contribuindo para um mundo mais justo, compassivo e harmonioso. É um ato de amor que transcende o egoísmo e nos conecta com a essência divina que reside em cada ser.

Imagine o serviço ao próximo como uma ponte que une corações, criando laços de solidariedade e irradiando luz para o mundo. Ao servir com amor e compaixão, nos tornamos canais da energia divina, levando cura, esperança e alegria para aqueles que sofrem.

Serviço ao Próximo e Proteção Espiritual:

Servir ao próximo com amor e compaixão não apenas beneficia aqueles que recebem nossa ajuda, mas também nos fortalece e nos protege energeticamente, pois:

- **Eleva a Vibração:** Ao nos dedicarmos ao serviço ao próximo com amor e compaixão, elevamos nossa vibração energética, afastando energias negativas e atraindo vibrações mais elevadas de amor, paz e gratidão.
- **Fortalece a Aura:** O serviço ao próximo fortalece nossa aura, tornando-a mais resistente a ataques psíquicos e influências negativas.
- **Purifica o Karma:** Ao ajudarmos os outros, purificamos nosso karma, liberando-nos de padrões de negatividade e atraindo bênçãos para nossa vida.
- **Conecta com o Divino:** O serviço ao próximo nos conecta com a essência divina que reside em cada ser, nos aproximando da fonte de amor incondicional e compaixão.

- **Desperta a Consciência:** Ao nos colocarmos no lugar do outro, desenvolvemos a empatia e a compaixão, expandindo nossa consciência e compreensão do mundo.
- **Traz Propósito e Significado:** O serviço ao próximo nos dá um senso de propósito e significado na vida, nos motivando a seguir em frente e a contribuir para um mundo melhor.
- **Gera Abundância:** Ao doarmos nosso tempo, energia e recursos para ajudar os outros, abrimos caminho para a abundância em todas as áreas da nossa vida.

Formas de Servir ao Próximo:
- **Voluntariado:** Dedique seu tempo e talentos a uma causa que você acredita, seja em uma ONG, um hospital, um asilo ou qualquer outra instituição que precise de ajuda.
- **Atos de Bondade:** Pratique atos de bondade no seu dia a dia, como ajudar um vizinho, oferecer seu lugar no ônibus, doar alimentos ou roupas, ou simplesmente oferecer um sorriso e uma palavra amiga.
- **Doação de Recursos:** Doe dinheiro, alimentos, roupas ou outros recursos para instituições de caridade ou pessoas que estejam passando por dificuldades.
- **Apoio Emocional:** Ofereça apoio emocional a amigos, familiares ou pessoas que estejam passando por momentos difíceis. Ouça com atenção, ofereça palavras de conforto e demonstre sua compaixão.
- **Compartilhamento de Conhecimentos:** Compartilhe seus conhecimentos e habilidades com outras pessoas, seja através de aulas, palestras, workshops ou mentoria.
- **Defesa de Causas:** Defenda causas que você acredita, como a proteção dos animais, a preservação do meio ambiente ou a promoção da justiça social.
- **Oração e Meditação:** Dedique suas orações e meditações para o bem-estar da humanidade, enviando luz e amor para todos os seres.

Exercícios Práticos:

1. **Voluntariado:** Pesquise ONGs ou instituições de caridade em sua cidade e se inscreva como voluntário.
2. **Atos de Bondade:** Pratique pelo menos um ato de bondade por dia, por menor que seja.
3. **Doação:** Doe roupas, alimentos ou livros que você não usa mais para pessoas que precisam.

Servir ao próximo é um ato de amor que transforma o mundo e nos eleva espiritualmente. Ao se dedicar ao serviço com amor e compaixão, você fortalece sua proteção espiritual, eleva sua vibração e contribui para a construção de um mundo mais justo, compassivo e harmonioso.

Capítulo 53
Vivendo com Propósito e Alegria

Viver com propósito é despertar para a missão da nossa alma, para a razão pela qual viemos a este mundo. É encontrar o fio condutor que nos guia em nossa jornada, nos dando direção, significado e motivação para seguir em frente. A alegria, por sua vez, é o combustível que nos impulsiona nessa jornada, a energia que nos permite celebrar cada passo dado e vivenciar a plenitude da vida.

Imagine o propósito como uma bússola que te orienta em direção ao seu norte, e a alegria como o vento que impulsiona as velas do seu barco. Juntos, eles te conduzem a uma vida autêntica, realizada e repleta de significado.

Propósito e Alegria na Proteção Espiritual:

Viver com propósito e alegria fortalece nossa proteção espiritual, pois:

- **Eleva a Vibração:** A alegria e o entusiasmo de viver com propósito elevam nossa vibração energética, afastando energias negativas e atraindo vibrações positivas de amor, paz e gratidão.
- **Fortalece a Aura:** Uma vida com propósito e alegria fortalece nossa aura, tornando-a mais resistente a ataques psíquicos e influências negativas.
- **Conecta com a Essência Divina:** Ao vivermos alinhados com nosso propósito, nos conectamos com nossa essência divina e com a fonte de sabedoria e proteção que reside em nosso interior.
- **Desperta a Intuição:** A alegria e o entusiasmo despertam nossa intuição, nos guiando em direção a escolhas mais

sábias e nos protegendo de situações que podem nos prejudicar.
- **Aumenta a Resiliência:** Viver com propósito nos dá força e resiliência para enfrentar os desafios da vida, sabendo que estamos no caminho certo.
- **Atrai Sincronicidades:** Quando vivemos com propósito, o universo conspira a nosso favor, trazendo sincronicidades e oportunidades que nos auxiliam em nossa jornada.
- **Promove a Paz Interior:** A alegria e a satisfação de viver com propósito promovem a paz interior, a harmonia e o equilíbrio emocional.

Encontrando seu Propósito:
- **Autoconhecimento:** O autoconhecimento é a chave para encontrar seu propósito. Explore seus talentos, interesses, valores e paixões. Pergunte-se: "O que me faz sentir vivo?", "O que eu amo fazer?", "Como eu posso contribuir para o mundo?".
- **Intuição:** Ouça sua intuição, sua voz interior que te guia em direção ao seu caminho. Preste atenção aos sinais, sincronicidades e "insights" que te mostram a direção a seguir.
- **Experimentação:** Experimente diferentes atividades, explore novas áreas de conhecimento, saia da sua zona de conforto. A experimentação te ajuda a descobrir seus talentos e paixões.
- **Inspiração:** Busque inspiração em pessoas que admira, em histórias de vida e em ensinamentos espirituais. A inspiração te motiva e te mostra as infinitas possibilidades da vida.
- **Serviço ao Próximo:** Servir ao próximo te conecta com o amor incondicional e te ajuda a encontrar seu propósito de vida.
- **Conexão com o Divino:** A conexão com o divino, através da oração, da meditação ou de práticas espirituais, te

aproxima da sua essência e te guia em direção ao seu propósito.

Cultivando a Alegria:
- **Gratidão:** Cultive a gratidão por todas as bênçãos em sua vida, pelas pequenas alegrias do cotidiano e pelos momentos de felicidade.
- **Presença:** Viva no presente, apreciando cada momento, cada experiência, cada encontro. A presença te conecta com a alegria do agora.
- **Atitude Positiva:** Cultive uma atitude positiva diante da vida, enxergando os desafios como oportunidades de crescimento e aprendizado.
- **Entusiasmo:** Abrace a vida com entusiasmo, com paixão, com alegria. O entusiasmo te impulsiona em direção aos seus sonhos.
- **Relacionamentos Positivos:** Cultive relacionamentos saudáveis e positivos com pessoas que te fazem bem e te inspiram.
- **Lazer e Diversão:** Dedique tempo para atividades que te tragam prazer e alegria, como hobbies, esportes, música, dança ou qualquer outra atividade que te faça feliz.
- **Autocuidado:** Cuide de si mesmo com amor e compaixão, nutra sua mente, corpo e espírito. O autocuidado te dá energia e vitalidade para viver com alegria.

Exercícios Práticos:
1. **Lista de Propósitos:** Escreva uma lista de tudo aquilo que te motiva, te inspira e te faz sentir vivo. Reflita sobre como você pode integrar esses propósitos em sua vida.
2. **Momentos de Alegria:** Anote em um diário os momentos de alegria que você vivencia ao longo do dia, por menores que sejam.
3. **Prática da Presença:** Dedique alguns minutos por dia para se conectar com o presente, observando seus sentidos, sua respiração e o ambiente ao seu redor.

Viver com propósito e alegria é um presente que você dá a si mesmo. Ao encontrar seu propósito e cultivar a alegria em seu coração, você fortalece sua proteção espiritual, eleva sua vibração e cria uma vida mais autêntica, plena e feliz.

Capítulo 54
Construindo uma Vida Protegida e Abundante

Chegamos ao final da nossa jornada pelo universo da proteção espiritual. Ao longo destes 54 capítulos, exploramos diversas ferramentas, técnicas e princípios que nos empoderam a criar uma vida mais protegida, harmoniosa e abundante.

Aprendemos sobre a importância de fortalecer nossa aura, equilibrar nossos chakras, conectar com nossos guias espirituais e cultivar um estilo de vida positivo. Descobrimos o poder da respiração consciente, da meditação, da visualização, das afirmações positivas e da gratidão. Exploramos técnicas como a defumação, os banhos energéticos, o uso de cristais, a cromoterapia, o Feng Shui e a radiestesia.

Mas, acima de tudo, aprendemos que a proteção espiritual reside em nosso interior, em nossa conexão com a fonte divina de amor, sabedoria e poder. Ao cultivarmos a fé, o amor próprio, a compaixão e a gratidão, nos tornamos canais da luz divina, irradiando positividade e criando um escudo protetor ao nosso redor.

Construir uma vida protegida e abundante é um processo contínuo que requer dedicação, consciência e prática diária. É uma jornada de autoconhecimento, de crescimento e de transformação, onde aprendemos a lidar com os desafios, a superar os obstáculos e a confiar na força interior que nos guia.

Vivendo a Proteção Espiritual:
- **Incorpore os ensinamentos em seu dia a dia:** Pratique as técnicas e ferramentas que você aprendeu ao longo deste livro, adaptando-as à sua rotina e às suas necessidades.

- **Cultive a consciência:** Esteja atento aos seus pensamentos, emoções e ações. Cultive a consciência de si mesmo, do ambiente ao seu redor e das energias que o influenciam.
- **Confie em sua intuição:** Ouça sua voz interior, sua intuição, que te guia em direção ao seu bem maior.
- **Mantenha a fé:** Cultive a fé em si mesmo, em seus guias espirituais e no poder do universo. A fé te dá força e esperança para seguir em frente.
- **Pratique o amor próprio:** Ame-se, cuide de si mesmo, valorize suas qualidades e aceite suas imperfeições. O amor próprio é a base da proteção espiritual.
- **Cultive a gratidão:** Agradeça pelas bênçãos em sua vida, pelas pequenas alegrias e pelas grandes conquistas. A gratidão abre seu coração para a abundância do universo.
- **Perdoe:** Libere o peso do passado, perdoando a si mesmo e aos outros. O perdão te libera de energias negativas e te permite seguir em frente com leveza.
- **Seja compassivo:** Cultive a compaixão por si mesmo e por todos os seres. A compaixão te conecta com o amor incondicional e te torna um canal de cura e luz.
- **Viva com propósito:** Encontre seu propósito de vida e dedique-se a ele com paixão e entusiasmo. Viver com propósito te dá direção e significado.
- **Celebre a vida:** Celebre a vida em todas as suas formas, com alegria, gratidão e amor. A alegria é o combustível que te impulsiona na jornada da vida.

Construindo um Mundo Melhor:

Ao nos protegermos espiritualmente, não estamos apenas cuidando de nós mesmos, mas também contribuindo para a construção de um mundo melhor. Quando elevamos nossa vibração, irradiamos luz e positividade para o mundo ao nosso redor, contagiando as pessoas com nossa energia e inspirando-as a seguir o caminho do bem.

Que este livro seja um guia em sua jornada de proteção espiritual, te empoderando a criar uma vida mais harmoniosa,

abundante e feliz. Lembre-se, a luz que você busca está dentro de você. Confie em sua força interior, cultive o amor e a gratidão, e siga seu caminho com fé e coragem.
Que a luz divina te guie e te proteja sempre!

Epílogo

Ao fechar estas páginas, você já não é o mesmo que começou esta leitura. Algo em sua energia se moveu, uma percepção nova foi cultivada. A jornada pela proteção espiritual trouxe consigo um convite para uma vida mais consciente, plena de escolhas baseadas no entendimento profundo de si mesmo e das forças que o cercam.

Agora, você detém mais do que técnicas: você tem consciência. Um escudo não é apenas uma barreira contra o mundo exterior, mas também um reflexo da paz que construímos internamente. O que você aprendeu aqui é uma ponte, e não um fim. É o início de um novo relacionamento com sua própria energia e com o universo.

Seus dias adiante serão diferentes porque o conhecimento que você adquiriu não é estático; ele se adapta, evolui e se molda às circunstâncias de sua vida. A proteção espiritual não é algo que você faz, mas algo que você vive. É a escolha de cuidar da sua essência como o jardineiro que zela por cada folha de um bosque sagrado.

Este livro é um ponto de partida. Cada exercício, cada técnica, cada reflexão plantou sementes que florescerão conforme você as nutre. Continue explorando, questionando, aprofundando. O universo responde àqueles que se abrem ao aprendizado contínuo, e a jornada espiritual é infinita em suas possibilidades.

A proteção que agora o envolve é mais do que um ato de defesa. É um ato de amor próprio. O amor que você dedica à sua energia transforma não apenas você, mas o mundo ao seu redor. Que as lições aqui absorvidas continuem reverberando em sua vida, guiando-o com clareza e segurança.

Seu caminho espiritual está mais iluminado. E, enquanto caminha, lembre-se: você nunca está sozinho. Suas escolhas e sua intenção constroem o escudo mais poderoso de todos — aquele que vem do coração. Que você continue a brilhar e a inspirar, protegido por tudo o que há de mais elevado e divino.

www.ingramcontent.com/pod-product-compliance
Lightning Source LLC
LaVergne TN
LVHW040057080526
838202LV00045B/3672